Human Relations and Communication

인간관계와
휴먼커뮤니케이션

임성은 지음

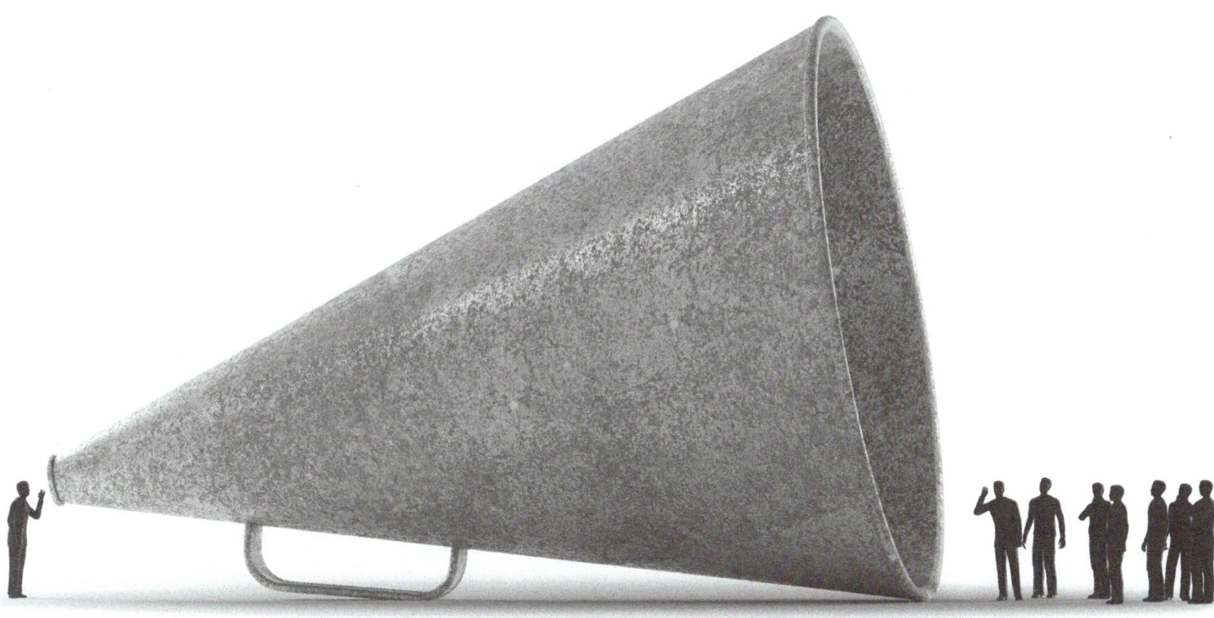

양성원

머리말

자금성은 명나라와 청나라 500년간 24명의 황제가 거쳐 간 곳이다. 자금성의 정문 오문(午門)을 지나면 태화문(太和門), 태화전(太和殿), 중화전(中和殿), 보화전(保和殿)이 한 줄로 늘어서 있다. 이 건물들의 이름에는 모두 '화(和)'가 들어있다. 당시 중국 왕조의 심장부에 천하를 통치한다고 호령하던 황제의 거처에 왜 그들은 '화(和)'를 네 번이나 새겨 넣었을까?

중용에 보면 화를 천하의 달도[和也者天下之達道也]라고 이야기한다. 즉, '화(和)'를 할 수 있으면 천하의 도에 달하게 된다는 것이다. 황제의 도란 무엇인가? '화(和)'가 있는 리더십은 과거나 현재나 부정할 수 없는 사실이다. 이처럼 과거에서 현대사회까지 가장 필요한 것으로 '화(和)'를 위한 인간관계와 커뮤니케이션은 우리가 사는 사회, 조직, 팀 속에서 함께 같은 방향으로 나아가게 만드는 관계형성을 위한 힘으로써 절실한 필요성을 느끼면서 인간관계와 커뮤니케이션의 융합과정을 만들게 되었다.

이 책의 1장에서는 인간관계에서 커뮤니케이션의 중요성과 인간행동의 동기와 욕구를 이해하고 중요성에 대해 다루고 있다. 2장에서는 인간관계에서 첫인상의 중요성과 비즈니스 관계에서 어떻게 행동해야 될지를 알아보고 습득함으로써 3장에서 관계형성을 위해 커뮤니케이션의 장애요인을 극복하고 말하기와 경청 스킬을 학습하므로 커뮤니케이션 관련 심리효과까지 연계 학습할 수 있다.

4장, 5장에서는 팀워크와 멤버십 과정으로 팀워크와 멤버십이론 외에 조직에서 갖추어야 할 비즈니스 회의, 문서작성, 팀워크 촉진방법을 이해할 수 있다.

다양한 관계 속에서 자신과 다른 성격 유형을 이해하고 소통하는 성격 유형별 인간관계에 대해 6장과 7장에서 다루어 자기와 타인을 이해하고 성격별 장·단점을 파악함으로서 자기개선에 도움을 줄 수 있다.

8장에서는 리더십과 9장에서는 코칭과 멘토링 이론으로 조직에서 리더가 갖추어야 할 덕목을 연구 학습한다.

10장에서는 현대사회에 필요한 휴먼 상담 커뮤니케이션 스킬을 통해 커뮤니케이션의 갭을 이해하고 극복하여 깊이 있는 상담 스킬을 적용할 수 있으며, 11장에서 설득력의 힘, 설득의 심리학, 설득의 기술에 대해서 연구한다.

마지막 12장에서 4차 산업시대에 꼭 필요한 감성과 스트레스 관리를 다루어 인간관계와 커뮤니케이션 교재를 마무리한다.

4차 산업시대나 과거의 아날로그 시대나 사람이 관계를 형성하는 방법은 같다. 같은 가치를 어떻게 구현하느냐의 차이일 뿐이다. '화(和)'의 마음으로 소통한다면 어떤 관계도 훌륭해질 것이며, 내 주변의 사람과 진심으로 만나기를 권해보면서 구성을 마친다.

2018년 9월

저자 임성은

차례

1 Chapter

인간관계와 동기부여

1. 인간관계의 이해
2. 인간행동의 이해(욕구와 동기)
3. 인간관계와 커뮤니케이션

1. 인간관계의 이해

1) 인간관계의 개념

2) 인간관계의 발전

3) 인간관계의 갈등

2. 인간행동의 이해(욕구와 동기)

1) 매슬로우의 욕구단계 이론

2) ERG 이론

3) 2요인 이론

4) XY 이론

5) 기대이론

3. 인간관계와 커뮤니케이션

1) 커뮤니케이션의 정의

2) 커뮤니케이션의 과정(SMCREF)

3) 커뮤니케이션의 특징

4) 커뮤니케이션의 기능

5) 커뮤니케이션의 목적

6) 커뮤니케이션의 종류

Chapter 1

인간관계와 동기부여

학습목표

1. 인간관계의 발전과 갈등 요인에 대해서 설명할 수 있다.
2. 인간행동의 욕구와 동기의 심리이론을 이해하고 설명할 수 있다.
3. 인간관계 형성을 위해 커뮤니케이션의 기능과 목적을 설명할 수 있다.

1. 인간관계의 이해

인간은 다른 사람과의 다양한 관계와 상황 속에서 살아가며, 두 사람 이상의 상호작용 관계를 인간관계라고 한다. 인간관계는 커뮤니케이션을 통해 형성되며, 두 사람 이상의 사람들 사이에서 언어 · 비언어 등의 소통 수단을 통해 감정, 생각, 느낌과 사실, 정보, 의견을 전달하고 피드백을 받는 과정을 겪게 된다. 이러한 상호작용은 인간의 삶에서 행복과 성공을 결정하는 중요한 역량이며, 때로는 곤란한 상황을 만들기도 한다.

1) 인간관계의 개념

인간이 다양한 관계 속에서 상호작용하다 보면 조직을 형성할 때 여러 가지 관계가 이루어지는데, 이러한 조직 내 사람과 사람 사이에서도 인간관계를 형성할 수 있다. 이것은 조직의 목적을 달성하기 위해 서로 협력하는 관계라고 할 수 있으며, 좋은 인간관계는 조직구성원들이 조직에서의 성공 및 조직의 효율성을 통한 조직의 생산성을 향상시키는 원동력이 된다.

2) 인간관계의 발전

(1) 인간관계의 촉진요인

① 정서적 공감과 지지

자신의 고통, 갈등, 문제, 고민 등을 공개할 수 있고, 타인으로부터 이해받고 위로받을 때 인간관계는 더욱 돈독해진다.

② 즐거운 체험의 공유

취미나 관심사, 비전과 가치관, 인생관, 종교관, 문학적 체험 등이 같은 사람들은 대화를 통해서 서로의 생각에 대한 공감과 지지를 받을 수 있으며, 타인과 나누는 재미와 즐거움은 관계를 유지하는 주요한 요인이 된다.

③ 현실적 도움의 교환

인간관계에서 기브 앤 테이크로 서로가 무엇을 주고받는 교환관계는 인간관계의 속성이다. 따라서 서로 주고받는 현실적 도움은 인간관계를 촉진시킨다.

④ 자기공개

자신을 솔직하게 드러내게 되면 서로 친해지게 된다. 상대방에게 자신에 대해 털어놓고, 상대방에 대하여 알게 되는 것은 관계를 깊이 있게 유지해 주는 강력한 방법이다.

(2) 인간관계의 심화요인

① 보상성(Rewardingness)

② 상호성(Reciprocity)

③ 규칙성(Rule)

(3) 인간관계의 해체요인

① 접촉과 관심의 감소

거리가 멀어지고 시간적 여유를 갖지 못해 서로에 대한 관심과 만남의 횟수가 적어질 때 관계가 멀어진다.

② 갈등해소의 실패

특정한 계기로 인한 두 사람 사이의 갈등이 일어나고 이러한 갈등을 효율적으로 해소하지 못 했을 때 관계가 멀어지거나 깨진다.

③ 투자와 보상의 불균형

상대방에게 기대한 성과와 만족을 얻지 못할 때 그 관계는 멀어진다.

④ 사회보상이론

자신이 투자한 시간, 금전, 정신적 노력에 대한 보상이 크게 이루어지는 경우는 만족으로 장시간 유지되나, 보상이 이루어지지 않거나 적게 일어나는 경우는 해체 가능성이 높아진다.

⑤ 만족도 결정요인

비교수준 > 인간관계에서 얻고자 하는 성과기준 : 인간관계 불만족

비교수준 < 인간관계에서 얻고자 하는 성과기준 : 인간관계 유지

(비교수준 : 과거의 인간관계에서 받아온 주로 성과의 평가수준)

⑥ 인간관계 청산여부 결정요인

대안적 비교수준 > 인간관계에서 얻고자 하는 성과기준 : 인간관계 청산

대안적 비교수준 < 인간관계에서 얻고자 하는 성과기준 : 인간관계 유지

(대안적 비교수준 : 다른 대안적 관계를 통해서 얻을 수 있을 것으로 추측하는 본인의 기대치)

3) 인간관계의 갈등

조직을 구성하는 모든 요소는 갈등요인이 될 수 있다. 갈등(葛藤)의 한자어를 보면 칡[葛]과 등나무[藤]라는 뜻으로, 칡과 등나무가 얽히듯이 일이나 사정들이 복잡하게 뒤엉켜 화합하지 못하는 모양을 말한다. 더 나아가 서로 상처가 되는 견해, 이해 따위의 차이로 생기는 충돌 또는 정신적인 세계 내부에서 각자 다른 방향을 지닌 힘들이 충돌하는 상태를 갈등이라고 정의한다(네이버 지식백과).

(1) 갈등의 요소

① 상호의존성

② 상반되는 목표

③ 한정된 자원

④ 개입에 의한 좌절

⑤ 표출된 대립관계

(2) 갈등의 순기능과 역기능

순기능	역기능
• 조직이나 개인의 문제점에 대해서 관계자들의 관심을 갖게 하는 계기가 되어 변화를 초래할 수 있다. • 합리적 해결은 쇄신, 변동, 발전, 재통합의 계기가 될 수 있다. • 조직이나 개인에게 창의성, 진취성, 적응성, 융통성을 향상시킬 수 있다. • 침체된 조직을 생동감 있게 할 수 있다. • 구성원들의 다양한 심리적 요구를 충족시킬 수 있다. • 조직 내의 갈등을 관리, 방지방법, 해결을 학습할 수 있는 기회를 제공한다.	• 갈등해결만을 노력하는 동안 성과나 목표 달성에 매진할 수 없으므로, 개인이나 조직에 부정적 결과를 준다. • 조직의 안정성, 조화성, 통일성을 무너뜨릴 수 있다. • 조직이나 개인의 창의성이나 진취성을 질식시킬 수 있다. • 조직 내의 작은 문제에만 집착할 수 있다.

(3) 갈등의 진행

① 갈등은 '잠정적인 갈등'이 '행동적인 갈등'으로 진행되어 분출되다가, 다시 '소강상태'로 접어든 후, 다시 '새로운 갈등의 발생'이라는 순서를 밟는다.

② 인간 내적 요인이나 환경적 요인에 저지되기도 하고, 특정 요인에 의해 표면화되거나 악화되기도 하며 다른 문제에 얽혀서 복잡해지기도 한다.

③ 갈등은 진행과정에 대한 정확한 분석과 이해가 필요하다.

(4) 갈등의 해결

① 문제해결

당사자 간에 직접 접촉하고 공동의 노력에 의해서 정보를 수집하는 탐색활동으로 새로운 대안을 제시하고, 평가를 통해서 당사자 모두를 만족시킬 수 있는 문제 해결안을 찾는다.

② 설득

개별목표의 차이가 있기는 하지만, 어느 수준(상위수준)에의 공동 목표의 차이에는 공동목표에 대한 합의가 이루어질 수 있으며 이를 위해 설득이 필요하다.

③ 협상

협상은 토론을 통한 타협으로서, 협상에 의해서 얻어지는 결정은 어느 당사자에게서도 최적의 결정이 될 수 없다. 협상은 갈등 원인을 제거하지 못하고 갈등을 일시적으로 모면하는 것이므로 잠정적인 갈등해소법이라고 할 수 있다.

④ 정치적 타결

갈등 당사자가 정부나 이론, 대중 등과 같은 제 3자의 지지를 얻어 협상하려는 것이다. 협상과 마찬가지로 갈등의 원인을 제거하지 못하고 표출된 갈등만을 해소시키는 방법이 된다.

생각해 봅시다!

그동안 가장 친하거나 깊은 인간관계를 떠올리면서 인간관계의 발전은 어떤 촉진요인 때문인지 이야기 나눠 보시오.

2. 인간행동의 이해(욕구와 동기)

인간의 행동은 '특정한 동기' 없이는 일어나지 않으며 나이, 직업, 성별, 소득, 환경 등에 비교적 지속적으로 형성된 습관, 개성, 라이프스타일에 기반이 되기도 한다. 또한 동기는 감정, 정서, 욕망, 열정, 관심, 태도, 신념, 흥미 등으로 일어나 합리적, 이성적이지 못하고 비논리적이고 비합리적이다.

1) 매슬로우의 욕구단계 이론

인간의 욕구에는 치열한 경쟁 속에서 살아남으려는 생존 욕구로부터 시작해 자아실현 욕구에 이르기까지 끝이 없다. 이런 인간의 욕구는 '얼마나 다양하고 어떤 순차적인 단계가 있는 것일까?' 하는 본질적인 질문에 대해 매슬로우(Abraham H. Maslow)는 1943년 인간 욕구에 관한 '매슬로우의 인간 욕구 5단계 이론(Maslow's hierarchy of needs)' 학설을 제안했다. 이 이론에 의하면 사람은 누구나 다섯 가지 욕구를 가지고 태어나며 이들 다섯 가지 욕구에는 우선순위가 있어서 단계가 구분된다는 것이다.

사람은 가장 기초적인 욕구인 생리적 욕구(physiological needs)를 가장 먼저 채우려 하며, 이 욕구가 어느 정도 만족되면 안전해지려는 욕구(safety needs)를, 안전 욕구가 어느 정도 만족되면 사랑과 소속 욕구(love & belonging)를, 그리고 더 나아가 존경 욕구(esteem)와 마지막 욕구인 자아실현 욕구(self-actualization)를 차례대로 만족하려 한다는 것이다. 즉, 사람은 5가지 욕구를 만족하려 하되 우선순위에 있어서 가장 기초적인 욕구부터 차례로 만족하려 한다는 것이다.

매슬로우는 인간을 '자기 실현을 위하여 노력하는 존재'로 규정하고 자아실현은 계속되는 과정이며, 이러한 과정에서 이루어지는 매번의 선택이 자신의 성장을 위해 이루어지는 것으로, 각 욕구는 하위 욕구가 충족되어야만 상위계층의 욕구가 나타난다고 설명한다.

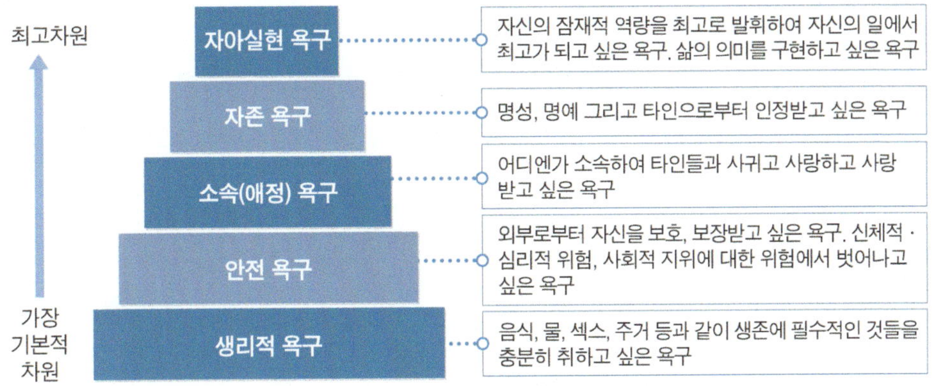

[그림 1-1] Maslow의 욕구단계설

2) ERG 이론

매슬로우(Abraham H. Maslow)의 5단계 욕구이론을 수정해서 개인의 욕구단계를 3단계로 단순화시킨 앨더퍼(Clayton P. Alderfer)의 욕구이론을 말한다. 앨더퍼는 매슬로우와 달리, 욕구가 하급단계로부터 상급단계로만 진행하는 것이 아니라 반대의 방향으로도 이행 가능하다고 주장한다. 생존 욕구가 충족되어 상위 욕구인 관계 욕구를 추구하다 실패하면, 다시 전 단계인 생존 욕구로 이행한다는 것이다. 즉, 매슬로우가 욕구계층 간의 만족-진행(satisfaction-progression)의 요소만을 중시한 데 비해, 앨더퍼는 좌절-퇴행(frustration-regression)의 요소도 함께 포함해서 인간 욕구의 발로(發露)를 설명하고 있다.

- E는 Existence의 첫 글자이며 '존재 욕구'를 뜻한다. 배고픔, 갈증, 안식처 등과 같은 생리적 욕구나 안전 욕구와 같이 인간이 자신의 존재를 확보하는 데 필요한 욕구이다. 또한 여기에는 급여, 쾌적한 물리적 작업 조건, 육체적 작업에 대한 욕구, 그리고 물질적 욕구가 포함된다.
- R은 Relatedness의 첫 글자로서 '관계 욕구'이다. 이것은 개인이 주변 사람들(가족, 감독자, 하급자, 친구 등)과 의미 있는 인간관계를 형성하고 싶어 하는 욕구로 관계와 관련된 모든 욕구를 포함한다. 매슬로우의 안전 욕구, 사회 욕구와 존경 욕구의 일부를 포함한다.
- G는 Growth의 첫 글자이며 '성장 욕구'이다. 매슬로우의 자존 욕구와 자아실현 욕구를 포함하는 것으로서 개인의 창조적 성장 잠재력 개발과 관련되는 욕구이다. 매슬로우의 자아실현 욕구와 존경 욕구에 해당한다고 할 수 있다.

3) 2요인 이론

미국의 심리학자 프레더릭 허즈버그(Frederick Herzberg)는 1950년대 말 직장에서 직원의 만족도에 영향을 주는 요소들을 정리하여, 동기요인과 위생요인으로 구분하였다. 이 동기요인과 위생요인의 2요인은 상호 독립되어 있다는 욕구이론을 말한다. 동기요인(動機要因, motivator)은 조직구성원에게 만족을 주고 동기를 유발하는 만족요인(satisfier)을 말하며, 위생요인(衛生要因, hygiene factor)은 욕구 충족이 되지 않을 경우 조직구성원에게 불만족을 초래하지만, 그러한 욕구를 충족시켜 준다 하더라도 직무 수행 동기를 적극적으로 유발하지 않는 불만요인(dissatisfier)을 말한다. 이것을 2요인 이론 또는 동기 · 위생이론(motivation- hygiene theory)이라고도 한다.

- **동기요인**(Motivator Factor) : 직무내용과 관련된 것으로 성취감, 안정감, 도전감, 성장과 발전, 일 그 자체 등을 요인으로 들 수 있으며, 이 요인들로 인해 더욱 나은 발전과 성과를 가져 오게끔 동기를 부여하는 데 효과적이며 '만족요인'으로 불린다.
- **위생요인**(Hygiene Factor) : 직무의 환경에 관련된 것으로 이 요인의 충족은 단지 불만족의 감소만 가져올 뿐이며 만족에 작용하지 못한다. 직무에 대한 만족이 증대되어 일에 대한 적극적인 태도가 생기는 것은 아니므로 '직무불만족요인'으로 불린다.

4) XY 이론

미국의 경영학자이자 심리학자인 맥그리거(Douglas M. McGregor)는 상반되는 인간본질에 대한 가정을 중심으로 XY이론을 제기하였다. X이론은 조직구성원에 대한 전통적 관리전략을 제시하는 이론으로써, 인간은 본래 일하기를 싫어하고, 야망이 없고, 책임지기를 싫어하며, 명령에 복종하는 것을 좋아하고, 변화에 저항적이고, 안전을 원하며, 자기중심적이며, 속기 쉽고, 영리하지 못하다고 가정한다. 이러한 X이론에서의 관리자의 관리전략은 직원들의 행동에 대해 감독 · 통제하고 시정 · 책임지며 처벌 · 통제 · 위협 등을 선호한다고 가정한다.

반면에 Y이론은 인간의 본성은 일을 싫어하지 않고, 조직의 목표 달성을 위하여 자율적으로 자기 규제를 할 수 있으며, 조직목표에 헌신적이라고 가정한다. 또한 조직목표에 헌신하는 동기는 자기실현 욕구나 존경 욕구의 충족이 가장 중요한 보상이며, 조직문제 해결에 있어 서로 창의력과 상상력을 발휘할 수 있다는 것을 전제한다. Y이론에서의 관리자의 관리전략은 개인목표와 조직목표를 조화될 수 있도록 하며, 관리자는 직무를 통하여 욕구가 충족되고 개인이 발전할 수 있도록 하는 것이다.

〈표 1-1〉 XY 이론 특성

X이론 미성숙	특성	Y이론 성숙
사람들은 일을 싫어한다.	작업태도	사람들은 좋은 조건하에서 일을 놀이처럼 자연스러운 것으로 여긴다.
사람들은 야심이 없으며 지시(명령)를 좋아한다.	야망	사람들은 조직의 목표성취를 향하여 스스로 해결해 낼 수 있다.
사람들은 조직의 문제를 창의적으로 해결하려 하지 않는다.	창조성	사람들은 문제를 해결하는 데 창의적이다.
사람들은 물리적 요소와 안전요소만으로 동기화될 수 있다.	동기화	사람들은 매슬로우의 모든 욕구단계에서 동기화된다.
목표를 달성하기 위해서 사람들은 직접적인 통제와 설득을 요한다.	통제	사람들은 적절히 동기화되기만 하면 스스로 통제한다.

※ 전통적 관계(X 이론 - 전통적 관리철학) : 성숙하지 못한 · 소극적 · 수동적 인간관
※ 근대적 관계(Y 이론 - 새로운 관리철학) : 성숙한 · 적극적 · 능동적 인간관

5) 기대이론

사회심리학자 브룸(Victor H. Vroom)은 종래의 내용이론이 동기의 복합적인 과정을 설명하기에는 부적절하다고 생각하고 그 대안으로 동기이론의 과정(process)을 중시한 이론의 하나로서 기대감이나 수단성이 충족될 때 동기가 더 크게 부여되는 기대이론을 제안하였다. 어떤 행동을 할 때, 개인은 자신의 노력의 정도에 따른 결과를 기대하게 되며 그 기대를 실현하기 위하여 어떤 행동을 결정한다는 동기이론이다. 기대이론에서 개인은 행동의 결과로 나타날 수 있는 성과에 관한

기대를 가지고 있으며, 사람마다 성과에 대한 선호는 다르다는 것을 가정한다.

브룸에 의하면 모티베이션(Motivation)은 유의성(Valence), 수단(Instrumentality), 기대(Expectation)의 3요소에 의해 영향을 받는다. 그래서 모티베이션의 강도는 유의성 × 기대 × 수단으로 나타낼 수 있다.

- **기대**(Expectation) : 어떤 활동이 특정 결과를 가져오리라고 믿는 가능성
- **수단**(Instrumental) : 어떤 특정한 수준의 성과를 달성하면 바람직한 보상이 주어지리라 믿는 정도
- **유의성**(Valence) : 특정 보상에 대해 갖는 선호의 강도

기대이론은 개인 자신이 바라는 목표에 도달할 수 있다고 믿을 때 비로소 성과 지향적 행동이 나오며, 유의성이나 기대에 충분히 만족하지 않을 때 동기유발이 일어나지 않는다고 해서 개인의 동기유발만을 다루어 집단에 대한 동일화(同一化)나 단결심이라는 집단의 동기유발 측면을 배제하였다는 한계가 있다.

생각해 봅시다!

브룸의 기대 이론에 근거하여 자신이 바라는 목표에 도달했던 사례를 생각해 보고 모티베이션에 영향을 주었던 원인을 이야기 나눠 보시오.

3. 인간관계와 커뮤니케이션

커뮤니케이션은 인간 삶에서 차지하는 비율이 70% 정도라고 할 만큼 의사소통의 기능뿐만 아니라 사회를 만들고 사람과 사람을 연결시켜 주는 교량 역할을

하고 있다. 따라서 바람직한 커뮤니케이션은 인간관계에서 문제해결을 해 주지만 잘못된 커뮤니케이션은 오히려 많은 문제를 야기한다.

1) 커뮤니케이션의 정의

(1) 어원은 라틴어 '나누다'를 의미하는 'communicare'이다. 둘 이상의 사람들 사이에 서로 공통성을 만들어 내는 과정으로 볼 수 있다.

(2) 커뮤니케이션 의미는 '공통되는(common)', 혹은 '공유하다(share)'라는 뜻의 라틴어 'communis'에서 유래한다.

(3) 사전적 의미로는 사람들끼리 생각, 느낌 따위의 정보를 서로 주고받는 것으로 말이나 글, 그 밖의 소리, 표정, 몸짓 따위로 이루어지며 '의사소통' 또는 '의사전달'이라고도 한다.

(4) 서로 다른 경험과 선호도, 이해의 정도, 사고방식, 교육적인 배경 등을 가진 두 사람 이상 어떤 특정한 사항에 대해 상호 간에 유사한 의미와 이해를 만들어 가는 과정이다.

2) 커뮤니케이션의 과정(SMCREF)

전달자(S : Sender)	메시지를 주는 사람
메시지(M : Message)	전달하고자 하는 내용의 기호(언어, 몸짓, 문자 등)
채널(C : Channel)	메시지 전달의 통로나 매체
수신자(R : Receiver)	메시지를 받는 사람
효과(E : Effect)	커뮤니케이션의 결과
피드백(F : Feedback)	메시지를 수용한 수용자의 반응으로 이 과정을 계속 반복, 순환하는 요소

3) 커뮤니케이션의 특징

(1) 커뮤니케이션은 상징적 과정이다.

(2) 커뮤니케이션은 서로의 존재를 확인하는 과정이다.

(3) 커뮤니케이션은 개인별 해석이 가능하다.

(4) 커뮤니케이션은 상황의 영향을 받으므로, 같은 주제를 놓고 커뮤니케이션을 한다고 해도 어떤 상황에서 이루어지는가에 따라 다른 결과가 나타날 수 있다.

4) 커뮤니케이션의 기능

구성원 통제	구성원의 행동을 조정하고 통제한다.
동기부여 강화	무엇을 해야 하는가를 명확하게 해 줌으로써 동기부여를 강화한다.
정서기능	감정표현과 사회적 욕구를 충족시켜 주는 기능을 한다.
의사결정 촉진	의사결정에 필요한 정보를 제공한다.
생존과 적응	세대와 조직의 존속과 조직생활을 적응하는데 필수적이다.

5) 커뮤니케이션의 목적

(1) 설득

상대방의 가치관이나 신념, 태도를 자신이 의도하는 방향과 일치하도록 변화시키거나 재 강화하는 것이다. 이를 통해 상대방으로 하여금 자신이 주장하는 바를 믿고 따르거나 특정 행동을 하도록 한다. IR(Investor Relation), 제안 프레젠테이션, 비즈니스 문서, 오디션 프로그램, 소견발표, 구직면접 등이 있다.

(2) 정보 제공 및 공유

사실이나 데이터 정보, 지식 등을 제공하고 공유함으로써 상대방으로부터 새로운 아이디어나 피드백을 얻고자 하는 것이다. 정보제공, 공유 미팅이나 문제에 대한 원인과 해결방안을 모색하기 위안 각종 아이디어 회의, 학습조직 활동, 워크숍 및 강의 등이 있다.

(3) 감정표현과 동기부여

감정의 표현과 상대방에게 열정과 의욕, 즐거움을 불러일으킬 수 있다. 칭찬, 격려, 지지 등으로 에너지를 불러일으킬 수 있으며 시무식, 종무식에서의 스피치, 격려사, 결혼식 주례사, 각종 모임에서의 건배사 등이 있다.

6) 커뮤니케이션의 종류

인간관계에서 커뮤니케이션은 언어적 커뮤니케이션과 비언어적 커뮤니케이션으로 구분할 수 있다.

(1) 언어적 커뮤니케이션

구어나 문어, 즉 말이나 글에 의해 이루어지는 커뮤니케이션이다.

*기록에 의한 커뮤니케이션 방법에는 편지, 공람, 회람, 이메일 등이 있다.

(2) 비언어적 커뮤니케이션

구두 혹은 문서화된 언어를 사용하지 않고, 언어 이외의 모든 것으로 메시지를 전달하는 커뮤니케이션이다. 표정, 몸짓, 자세, 용모복장, 목소리의 높낮이, 제스처 등과 시간이나 공간과 같은 환경적 요소들을 포함한다.

비언어적 커뮤니케이션은 정보가 전달되는 상황과 해석에 대한 중요한 단서를 제공할 뿐만 아니라 무의식적으로 드러나는 경우가 대부분이어서 신뢰성이 높은 의사전달 수단이 되며 감정과 정서적, 심리적인 정보를 전달한다.

① 신체언어

<table>
<tr><th colspan="2">신체</th><th>의미</th></tr>
<tr><td colspan="2">시선</td><td>인간관계의 질에 가장 중요한 역할을 함</td></tr>
<tr><td colspan="2">얼굴 표정</td><td>개인의 인상을 결정하는 중요한 요소</td></tr>
<tr><td rowspan="3">제스처</td><td>고개 끄덕이기</td><td>경청하고 있음을 알리는 수단</td></tr>
<tr><td>몸과 손의 움직임</td><td>말의 진실함과 커뮤니케이션의 표현을 도와주는 역할</td></tr>
<tr><td>자세</td><td>사람의 상태를 알 수 있는 단서로 작용</td></tr>
</table>

② 외향적 이미지

신체	의미
복장	신뢰감의 전달
두발	태도, 업무준비, 업무수행 상의 개성 등 표현
보여지는 매력	우호적인 이미지 전달 및 상대방 태도 변화에 영향력

③ 의사 언어(언어 자체가 아닌 갖가지 소리, 부가적 요소)

신체	의미
말투	의미전달과 신뢰감 형성에 중요
음고저, 음량	정확한 의사표현과 성격 판단
음조의 변화	메시지의 중요성, 느낌 전달에 도움
말의 속도	감정과 태도를 반영
발음	정확한 의사전달에 중요한 역할

④ 공간 언어

거리		의미
0~45cm	친밀한 거리 (Intimate Distance)	가장 친밀한 거리로 사적인 공간을 의미하며 가족, 부모, 연인, 자녀, 가까운 친구, 친지 등 정서적으로 가까운 사람만이 들어가는 것이 허락된다.
45cm~1.2m	개인적 거리 (Personal Distance)	개인적인 거리고 손을 뻗으면 닿을 수 있는 정도의 공간으로 어느 공적, 사적 관계를 넘나드는 공간이다. 사교 모임, 친구 모임, 동아리 모임, 칵테일파티 등과 같이 제한적인 관계의 사람들에게 허락되는 거리이다.
1.2m~3.7m	사회적 거리 (Social Distance)	사회적 거리로 업무상 미팅이나 공식적인 상호작용을 필요로 하며, 이 공간에서는 제 3자가 개입하더라도 부담스럽지 않다. 여러 사람이 대화하거나 새로운 사람이 들어와도 허락되는 거리이다. 일반적으로 택배, 업장 등 낯선 사람 등과 같이 어느 정도의 거리감이 오히려 안정감을 준다.
3.7m 초과	공적인 거리 (Public Distance)	공적인 거리로 대중 앞에 서서 편하게 연설할 수 있는 거리이다.

■ 켈의 법칙

직급이 한 단계 멀어질 때 심리적 거리는 제곱으로 늘어난다고 한다. 사원과 대리 사이의 거리를 1이라고 할 때, 사원과 과장 간의 거리는 2의 제곱인 4, 사원과 부장 간의 거리는 4의 제곱인 16이 된다는 것이다.

■ SNS 심리적 거리는 얼마나 될까요?

산업과 기술의 발달로 심리적 거리가 물리적 거리를 압도하는 상황이 되었다. 언제 어디서 무엇을 하고 있느냐와 상관없이 인터넷이 가능한 곳이라면 거리(0)를 만들어 낼 수 있다. 화상 통화에서부터 데이터 전송까지 못하는 일이 없기 때문에 심리적으로도 거리가 그만큼 줄었다. 사이버 공간에서도 사람을 만나는 것은 똑같은 상황이므로 적당한 거리유지를 제대로 하지 못하면 치명적인 결과를 가져올 수 있으므로 주의를 해야 한다.

생각해 봅시다!

1. 비언어적 커뮤니케이션 중 본인이 잘못된 신체언어 커뮤니케이션의 습관에 대해 생각해 보고 오해를 받았거나, 고쳐야 할 점에 대해 이야기 나눠 보시오.
2. 심리적 거리감을 제거하기 위해 선배로서 또는 후배로서 바람직한 방법에 대해 이야기 나눠 보시오.

다섯 연으로 된 짧은 자서전

1.
난 길을 걷고 있었다.
길 한 가운데 깊은 구멍이 있었다.
난 그곳에 빠졌다.
난 어떻게 할 수가 없었다.
그건 내 잘못이 아니었다.
그 구멍에서 빠져 나오는데 오랜 시간이 걸렸다.

2.
난 길을 걷고 있었다.
길 한 가운데 깊은 구멍이 있었다.
난 그 길을 못 본체 했다.
난 다시 그곳에 빠졌다.
똑같은 장소에 또다시 빠진 것이 믿어지지 않았다.
하지만 그건 내 잘못이 아니었다.
그곳에서 빠져 나오는데
또 다시 오랜 시간이 걸렸다.

3.
난 길을 걷고 있었다.
길 한 가운데 깊은 구멍이 있었다.
난 미리 알아차렸지만 또다시 그곳에 빠졌다.
그건 이제 하나의 습관이 되었다.
난 비로소 눈을 떴다.
난 내가 어디 있는가를 알았다.
그건 내 잘못이었다.
난 얼른 그곳에서 나왔다.

4.
내가 길을 걷고 있는데
길 한가운데 깊은 구멍이 있었다.
난 그 둘레로 돌아서 지나갔다.

5.
난 이제 다른 길로 가고 있다.

– 작자미상, 〈잠언시집 지금 알고 있는 걸 그 때도 알았더라면〉

2 Chapter

인간관계와 비즈니스

1. 이미지의 중요성
2. 비즈니스 커뮤니케이션

1. 이미지의 중요성

1) 이미지의 정의

2) 이미지 메이킹의 중요성

3) 대인지각과 첫이미지

2. 비즈니스 커뮤니케이션

1) 표정

2) 시선

3) 인사

4) 악수

5) 소개

6) 명함

7) 상석

8) 호칭

9) 경어

10) 경조사

Chapter 2

학습목표

1. 이미지의 중요성을 설명할 수 있다.
2. 이미지의 구성요소와 개념을 이해하고 설명할 수 있다.
3. 인간관계에서 상황에 맞는 비즈니스 커뮤니케이션을 활용할 수 있다.

1. 이미지의 중요성

1) 이미지의 정의

이미지란 마음속에 그려지는 사물의 '감각적 영상' 또는 '심상'을 말하는 것으로 라틴어 'Imago'와 'Imitary'에서 유래 되었다. 이것은 '모방하다'의 의미로 상대방의 주관적 경험과 심리상황 등 여러 가지 요인에 의해 다르게 형성되는 것이다. 일반적으로 인간이 어떠한 대상에 대해 갖고 있는 선입견으로 볼 수 있다. 또한 이미지는 대상에 대해 가지고 있는 준거체계로서 대상에 대해 지각하는 모든 것과 반응행동을 결정짓는 태도나 느낌이다.

따라서 어떤 사물이나 사람을 봤을 때 떠오르는 단어, 감정, 생각, 느낌의 총체를 이미지라고 한다.

2) 이미지 메이킹의 중요성

(1) 이미지 메이킹 개념

현대사회는 인간관계에서 자신의 이미지를 T.(Time), P.(Place), O.(Occasion), 즉 시간과 장소와 상황에 맞게 연출하는 것이 중요하다. 이미지 메이킹은 개인이 추구하는 목표를 이루기 위해 자기이미지를 통합적으로 관리하는 행위이자, 외적인 이미지를 강화하여 긍정적 내면이미지를 끌어내며, 자신의 본질과 장점을 효과적으로 표현하는 일이다. 자신이 속한 사회적 지위에 맞게 내적 이미지와 외적 이미지를 최상의 모습으로 만들어 가는 것을 의미한다.

특히 현대사회를 '자기 PR' 시대라고 하는 것은 자신의 이미지를 관리한다는 말과 비슷한 의미로 개인의 이미지가 경쟁력이 되는 시대가 되었음을 뜻한다. 타인으로부터 호감과 신뢰를 얻는 것은 개인의 영향력 확대와 함께 조직에서도 영향을 미친다는 점을 간과할 수 없다.

(2) 이미지 메이킹 방법

이미지 메이킹은 있는 그대로의 모습에서 자신의 바람직한 이미지를 만들어 가는 방법으로, 솔직하고 진실된 내면을 상대방에게 알리는 것이 중요하며, 자신과 유사한 인물을 모델링 하는 것도 방법이 될 수 있다. 모방전략은 쉽게 자신의 이미지를 전달할 수 있지만 모방에서 끝나지 않고 자신의 개성과 매력을 더해서 새로운 이미지를 구현하려는 장기적인 노력이 필요하겠다.

(3) 이미지 관리과정

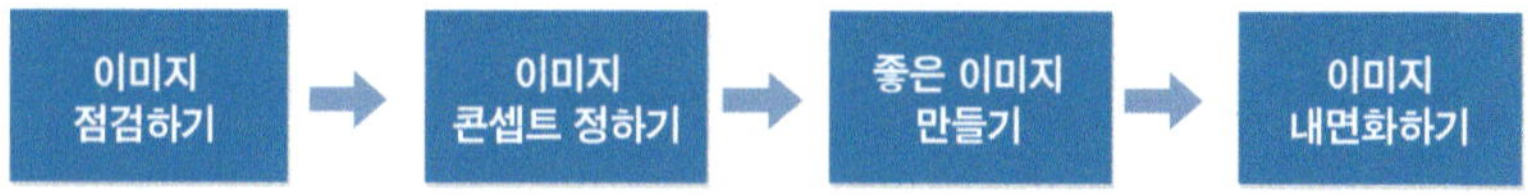

3) 대인지각과 첫이미지

(1) 대인지각 이미지

대인지각 이미지는 타인의 다양한 특성에 대한 전반적인 지각으로 타인을 만났을 때 느끼게 되는 내적, 외적, 음성, 언어 표현적, 사회적 이미지를 인지하는 과정으로, 객관적이고 논리적이기보다는 자신의 경험이나 사고를 바탕으로 주관적으로 행해지며 자신의 고정관념 등에 의해 영향을 받는다.

특히 대인지각에서 첫인상은 처음 만난 2~10초 내에 결정되어 처음 만나서 받은 이미지는 머릿속에 남아서 쉽게 사라지지 않는다. 한 번 결정된 부정적인 첫인상을 바꾸는 데는 많은 노력과 시간이 소모되므로 첫인상 관리는 매우 중요하다. 일반적으로 처음 사람을 만났을 때 보여지는 것에 의해 1차적 판단을 하고, 대화를 해본 후에 2차적 판단을 하며, 간혹 성격이나 실력까지 관찰하고 추측하기도 한다.

캘리포니아 대학교 로스앤젤레스 캠퍼스의 심리학과 명예교수인 앨버트 메라비언의 『*Silent Message*』(1971)에 의하면 이미지 메이킹은 커뮤니케이션에서 매우 중요한 요소이며, '시각 이미지'는 자세, 용모와 복장, 제스처 등 외적으로 보이는 부분을 말하며, '청각 이미지'는 목소리톤이나 음색처럼 언어의 품질을 말하고, '언어'는 말의 내용을 말한다고 저술하고 있다.

앨버트 메라비언에 의하면 상대방이 하는 말의 내용이 차지하는 비중은 7%, 반면에 말을 할 때의 태도나 목소리 등의 청각적 요소가 38%, 시각적 요소가 55%로 대화내용과 직접적으로 관계가 없는 요소가 93%로 이미지 판단을 좌우한다고 설명했다.

(2) 대인지각 이미지 중요 6요소

이미지	요소
I(Intelligence)	지적 이미지
M(Mask)	표정 이미지
A(Attitude)	태도 이미지
G(Grooming)	복장 이미지
E(Emotion)	감성 이미지
V(Voice)	음성 이미지

(3) 대인지각 이미지 형성 6단계

① 1단계 주목단계

타인의 외적인 이미지를 지각하는 단계이다.

② 2단계 즉각적 판단단계

지각된 이미지를 긍정과 부정으로 판단하는 단계이다.

③ 3단계 원인귀속단계

외적 행동(신분, 지위, 성별 등)과 내적 요인(자아 정체감, 욕구, 경험 등)을 판단하는 단계이다.

④ 4단계 성격특성추측단계

타인이 생각하고 있는 특성들을 판단하는 단계이다.

⑤ 5단계 인상형성단계

앞 단계에서 지각된 타인의 이미지를 바탕으로 조금 더 세밀히 인식하고 지각하는 단계이다.

⑥ 6단계 행동예측단계

지각했던 결과들이 산출되고 반응하는 단계로 타인의 행동을 미리 예측하는 단계이다.

(4) 첫인상의 특징

신속성	첫인상이 전달되는 시간은 아주 짧은 한순간에 순간적으로 각인된다.
일회성	처음 한번에 전달되며 각인된 정보는 평생 기억에 남으며, 변화되지 않는 일회성이다.
일방성	개인의 숨겨진 내면이나 성향을 확인하지 않고, 보이는 모습만을 통해 평가하는 사람의 판단과 가치관에 따라 일방적으로 인식되고 형성된다.
연관성	개인의 연상을 통해 형성되므로 불확실하다. 실제 인물과는 다른 사람으로 떠올리거나 평소 머릿속에 인지하고 있던 정보와 혼동하여 첫인상으로 입력될 수 있으므로, 이런 오류를 인식하고 자신이 타인에게 어떻게 보이는가에 대해 신경을 써야 한다.

(5) 첫인상의 심리효과

① 초두효과

처음에 제시된 초기 정보가 나중에 제공된 정보보다 인상 형성에 더 큰 비중을 차지한다. 이미 만들어진 부정적 인상을 긍정적 인상으로 만드는 데 적어도 7시간에서 40시간을 투자하고 노력해야 회복할 수 있다는 실험결과가 있다.

② 부정성효과

부정적인 특징이 긍정적인 특징보다 인상 형성에 더 강력하게 작용하는 것을 말한다. 사람들은 타인의 인상을 평가할 때 대부분 긍정적으로 평가하지만, 어떤 부정적인 정보가 나타나면 다른 긍정적인 정보보다 부정적인 것에 더 큰 비중을 두고 인상을 평가한다는 것이다.

③ 악마효과

보이는 외모로 모든 것을 평가하여 상대를 알기도 전에 부정적인 것을 보는 순간 부정적으로 판단해 버리는 것을 말한다. 일종의 편견을 말한다.

④ 최신효과

초두효과와 반대되는 개념으로 타인에 대한 정보 중 나중에 들어온 정보가 먼저 들어온 정보보다 인상 형성에 더 중요하게 영향을 미치는 효과이다.

⑦ 후광효과

어떤 사람이 가지고 있는 장점이나 매력이 다른 특성들도 좋게 평가되는 효과로서 첫 만남에서 호감을 느낀 대상에 대해서는 매력적이고 지적이고 관대하다는 등의 평가를 하게 된다. 어떤 대상이나 사람에 대한 일반적인 견해가 그 대상이나 사람의 구체적인 특성을 평가하는데 영향을 미치는 현상을 말하며 '광배효과(光背效果)'라고도 한다.

⑧ 맥락효과

지혜로운 사람이 머리가 좋으면 현명하게 생각되고, 이기적인 사람이 머리가 좋으면 교활할 것으로 해석되는데, 처음 인지된 이미지가 이후 형성되는 이미지의 판단기준이 되고, 전반적인 맥락을 제공한다는 것이다.

생각해 봅시다!

처음 사람을 만났을 때 긍정적인 첫 이미지 형성을 위해 본인이 노력하고 있는 점에 대해서 이야기 나눠 보시오.

2. 비즈니스 커뮤니케이션

1) 표정

표정은 인간관계에서 내면의 어떠한 의미가 얼굴로 표출되는 것으로서, 감정을 드러내어 반영하므로 의사소통에 있어 매우 중요한 요소이다. 의도적으로 밝고 건강한 표정을 지으면 실제 그 사람의 감정도 바뀐다는 연구결과가 있듯이 의도적으로 밝은 표정을 짓는 노력이 필요하다.

2) 시선

마음의 창이라는 눈은 인간관계에서 좋은 커뮤니케이션의 수단이므로 눈의 표정을 통해 좋은 결과를 이끌도록 노력한다. 눈을 빤히 오래 집중해서 보면 상대방이 불편하므로 비즈니스 아이 존 또는 눈과 미간, 코 사이를 번갈아 보는 것이 좋다.

상대방을 보지 않는 눈, 곁눈질, 치켜뜨는 시선, 내리뜨는 시선, 상대방을 뚫어지게 보는 시선, 위아래로 훑어보는 시선은 피해야 할 눈의 표정이며, 얼굴과 몸, 시선은 같은 방향을 응시하는 것이 바람직하다.

■ 내 의견을 피력하고 싶다면 '상대와 (Eye Contact)아이콘텍 하라'

최근 프랑스 파리대학교와 핀란드 탐페레 공동 연구진의 연구결과에 따르면 효과적인 의사소통을 위해서는 아이콘텍이 중요하다. 연구팀은 '아이콘텍은 상대에 대한 호기심을 자아내는 동시에 상대와 나누는 대화가 자기 자신에게 매우 중요한 정보라는 인식을 돕게 하며, 마주보는 행위 자체만으로도 상대에게 비친 자신의 모습을 생각하게 만듦으로써 스스로의 행동에 대한 인식을 더욱 크게 만든다'고 설명했다. 이와 같은 행동은 기억력과 의사결정, 지각능력 등에 영향을 미쳐 당시 나누는 대화를 더욱 잘 기억하게 만드는 것이라고 「의식과 인지저널」에 게재됐다.

2016년 이데일리

3) 인사

(1) 인사의 의미

인사의 유래는 상대방에게 해치지 않겠다는 신호, 무장해제의 신호에서 유래되었다고 하며 사회생활에 있어서 가장 기본이 되는 것으로 복잡한 인간관계를 원활하게 하게 하기 위한 일정한 형식 또는 의례적인 상호행위이다. 또한 인사는 상대방의 인격을 존중하고, 배려와 친근함을 표현하는 행위이며 자신의 인격과 교양을 드러내는 가장 기본적인 인간관계의 예절 표현이다.

(2) 인사의 방법

상대방을 향해 자신을 낮추는 자세를 취함으로써 인사를 한다는 의미를 전달한다. 공수자세를 취한 후 멈춰 서서 일반적으로 30보 이내에서 마주칠 경우 인사하며, 가장 좋은 시점은 6보 정도 앞에서 시선을 마주하는 거리에서 인사한다.

인사는 상황에 따라 실내나 복도에서 자주 마주치거나, 상대방이 무거운 짐을 들고 있을 때, 통화중일 때는 눈으로 예의를 표하는 목례로, 허리를 15도 정도 숙여서 협소한 공간, 화장실과 같은 개인적인 공간, 손 씻는 사람에게 인사하는 경우, 동료나 친한 사이에 하는 약례, 일반적으로 가장 많이 하는 30도로 허리를 숙이는 보통례, 처음 보는 고객이나 정중한 첫만남, 깊은 사과, 감사를 표할 때는 45도로 허리를 숙여서 인사하는 것이 바람직하다.

■ 공수

평상시에는 남자는 왼손이, 여자는 오른손이 위로 가도록 두 손을 포개어 잡으며 흉사 시에는 반대로 남자는 오른손이, 여자는 왼손이 위로 가도록 잡는다. 국어사전에 공수(拱手)라는 낱말은 두 손을 마주 잡아 공경의 뜻을 나타내며, 그런 예(禮)라고 실려 있다. 옛 문헌에는 '깍지 낄 차'와 '손 수' 자를 써서 차수(叉手)라고도 한다.

4) 악수

(1) 유래

고대자료에서는 신에게서 지상 통치자에게 권력이 이양되는 것을 의미한다고 한다. 그리스인들은 손을 들어서 신에게 빌었으며 두 손바닥을 맞붙이는 동작은 아랫사람이 윗사람에게 경의를 나타내는 방법이었다고 한다. 또한 이집트 시대의 동사인 '주다'라는 표현이 상형문자로 손을 내민 모양을 나타낸다고도 하며, 중세 유럽에서 대부분 남자들이 싸움에 대비해서 오른손에 늘 무기를 가지고 다니다가 싸울 일이 없는 사람을 만난 경우 손에 무기를 지니고 있지 않음을 보여줌으로써 화해와 평화의 제스처라는 유래가 있다.

(2) 방법

악수는 원칙적으로 오른손으로 하며 눈-손-눈의 3점법의 순서로 적당한 힘을 주어 2~3번 정도 가볍게 흔든다.

악수할 때는 연장자가 연소자에게, 여성이 남성에게, 선배가 후배에게, 상급자가 하급자에게, 기혼자가 미혼자에게 먼저 청하는 것이 예의이다.

5) 소개

(1) 방법

소개 시는 소개를 받는 사람이나 소개되는 사람 모두 일어서는 것이 원칙이며, 지위가 높은 사람이나 성직자, 모임에서 가장 높은 사람을 소개할 경우 모두 일어나는 것이 원칙이다. 소개가 끝나면 소개를 받은 사람이 상대방에게 먼저 인사를 청하여 악수나 목례를 나눈다.

(2) 순서

남성을 여성에게, 상급자에게 하급자를, 선배에게 후배를, 연장자에게 연소자를, 손님에게 집안사람을, 고객에게 회사사람을, 기혼여성에게 남성을 소개하는 것이 일반적이다.

6) 명함

(1) 유래

우리나라에서는 구한말 민영익이 나라를 대표하여 구미를 순방할 때 사절단의 자격으로 만든 명함이 시작이라고 여겨지며, 중국에서는 방문한 집에 사람이 없을 경우 대나무를 깎아 이름을 적어 남겨 두던 관습에서 비롯되었다고 한다. 프랑스는 루이 14세 때에 생겨나 루이 15세에 현재와 같은 인쇄모양의 명함이 사교목적으로 사용되었다고 하며, 독일에서는 16세기경 작은 종이에 소속과 이름을 적어 사용했다고 한다. 서양에서는 사교용 명함과 업무용 명함을 구분하여 사용했는데 사교용 명함은 초대를 받고 감사의 표시와 참석여부를 표시하는 방문카드로 쓰였으며 꽃, 선물 등을 보낼 때에 이름과 주소를 남기는 용도로 사용하였다.

(2) 방법

상대방에게 자신에 대한 정보를 제공하는 동시에 자신이 소속한 조직을 나타내는 첫인상이기에 매우 중요한 역할을 한다.

명함 줄 때	• 일어서서 오른손으로 상대방이 읽기 쉬운 방향으로 본인 소개와 함께 건넨다. • 아랫사람이나 방문한 쪽에서 먼저 주는 것이 예의이다. • 윗사람과 함께 건네는 경우는 윗사람이 건넨 다음 건넨다. • 동시에 교환하는 경우에는 오른손으로 건네고, 왼손으로 받은 후 나머지 손으로 받쳐 든다. • 비즈니스 경우 만날 사람의 3배수로 준비하며, 명함 집에 보관한다.

명함 받을 때	• 일어서서 두 손으로 인사말과 함께 받고 자신의 명함도 바로 건네도록 한다. • 명함의 여백 부분을 잡고 공손히 받쳐 든다. • 어려운 한자나 영어는 그 자리에서 물어보도록 한다. • 명함을 받은 손이 허리 아래로 내려가지 않도록 하며, 바로 집어넣은 것은 실례이다. • 대화가 연장될 경우는 테이블 위에 놓고 직위나 이름을 언급하며 이야기를 나누는 것이 좋다.

7) 상석

윗사람이나 방문객에게는 상석을 권하는데 출입구 쪽에서 가장 먼 곳이 일반적으로 상석이다.

창문이 있는 경우는 경치를 볼 수 있고, 사무실과 함께 있는 경우는 책상에서 멀리 떨어진 자리가 상석이며, 주빈의 오른쪽을 상석으로 본다. 단 상대방이 편하다고 생각하면 그 자리를 상석으로 봐도 무방하다.

8) 호칭

(1) 직장에서의 호칭

① 상급자에 대한 호칭

- **부장님, 과장님** : 직속상급자는 직급의 명칭에다 '님'을 붙여 부르고 말한다.
- **○○○ 부장님, ○○○과장님** : 다른 부서의 상급자는 직책과 직급의 명칭에다 '님'을 붙여 부르고 말한다(총무 과장님, 경리 과장님).
- **○부장님, ○과장님** : 직속이 아니고 직책이 없이 직급만 있는 상급자는 직급위에 성을 붙이고 직급 아래에 '님'을 붙여 부르고 말한다(김 과장님, 이 과장님).

② 하급자에 대한 호칭

- **과장, 대리** : 같은 직급의 사람이 여럿이 아닐 때의 직속 하급자는 직급명만 부르고 말한다.
- **○○ 과장, ○○대리** : 직속 하급자나 타부서 하급자에 같은 직급명의 경우에는 직책명과 직급명을 부르고 말한다(경리과장, 서무대리).
- **○차장, ○과장** : 직책이 없이 직급만 있는 하급자는 '성'을 붙여 직급명을 부르고 말한다(이 차장, 김 과장).
- **○○ 씨, ○ 여사** : 직책과 직급명이 없는 하급자는 성과 이름에 '씨'를 붙여 부르고 말한다. 기혼여성은 '여사'를 붙인다.
- **○군, ○양, ○○○군, ○○○양** : 나이가 10년 이상 아래이며 미혼인 남녀하급자의 경우 남자는 성이나 이름에 '군'을 붙이고 여자는 '양'을 붙여 부르고 말한다.

③ 동료, 동급자의 호칭

- **○○○과장님** : 동급자라도 연령이 위이면 직급에 '님'을 붙인다.
- **선생님** : 나이가 10년 이상 위이면 '선생님'이라 부른다.
- **선배님** : 나이가 10년 이내의 위이면 '선배님'이라 부른다.
- **○○○씨** : 같은 또래로서 친숙한 사이면 성이나 성명에 '형'을 붙인다.
- **○군, ○양** : 나이가 10년 이상 아래인 미혼자 또는 미성년자는 남자는 '군' 여자는 '양'이라 부른다.

(2) 사회생활에서의 호칭

① 아는 사람에 대한 호칭

- **어르신네** : 부모의 친구 또는 부모같이 나이가 많은 어른
- **선생님** : 학교에 선생님이나 존경하는 어른
- **노형**(老兄) : 11년 이상 15년까지의 연장자

- **형** : 6년 이상 10년까지의 연장자 또는 아직 친구가 되지 못한 아래로서 10년 이내에 드는 상대
- **이름, 자네** : 아래위로 10년 이내의 나이 차로 친구같이 지내는 사이
- **○○○ 씨** : 친숙한 관계가 아닌 10년 이내의 연장자와 기혼, 성년의 연하자
- **○○님** : 상대가 위치한 직책, 직급명에 '님'을 붙인다(사장님, 박사님, 교수님).
- **○○아버님 ○○어머님** : 친구의 부모는 친구의 이름에 아버님 어머님을 붙인다.
- **○○형님, ○○누님** : 친구이 형이나 누이도 친구의 이름을 붙여 말한다.

② 모르는 사람의 호칭

- **노인어른, 노인장** : 할아버지, 할머니 같이 나이가 많은 어른
- **어르신네** : 부모같이 나이가 많은 어른
- **선생님** : 존경할 만큼 점잖거나 나이가 많은 어른
- **노형(老兄)** : 자기보다 10년 이상 연장자인 상대(남자끼리)
- **형씨** : 자기보다 아래위로 10년 이내에 드는 상대(남자끼리)
- **부인** : 자기의 부모보다는 젊은 기혼의 여자
- **댁** : 같은 또래(10년 이내)의 남자와 여자
- **젊은이, 청년** : 자기보다 15년 이하인 청년
- **총각** : 미성년자
- **아가씨** : 미성년인 여자 또는 미혼인 젊은 여자
- **학생** : 학생신분의 남녀
- **소년, 애** : 초등학생 이하의 아이들

■ 틀리기 쉬운 호칭

- 상사에 대한 존칭은 호칭에만 사용한다.
  예) 사장님실(X) – 사장실(O)

- 문서에는 상사의 존칭을 생략한다.
  예) 사장님 지시(X) – 사장 지시(O)

- 상사가 지시를 전달할 때는 '님'을 붙여 사용한다.
  예) 사장님 지시사항을 전달하겠습니다.

■ 틀리기 쉬운 일상 문건의 호칭

사장님 말씀이 계시겠습니다. (×)	사장님께서 말씀하시겠습니다. (○)
주문하신 커피 여기 있으세요. (×)	주문하신 커피 여기 있습니다. (○)
그렇게 하셔도 되시는데요. (×)	그렇게 하셔도 되는데요. (○)
일정 변경은 안 되십니다. (×)	일정 변경은 안 됩니다. (○)
새 상품으로 교환은 안 되세요. (×)	새 상품으로 교환은 안 됩니다. (○)
상품은 품절 되셨구요. (×)	상품은 품절 되었습니다. (○)

9) 경어

(1) 경어의 종류

겸양어 (자신을 낮춤말)	• 자기 자신을 낮추어 하는 말로서, 상대방을 높여주는 의미를 가진다. • 말하는 주제가 자신일 경우 겸양어를 사용한다.
존중어 (상대의 높임말)	• 상대방을 높이는 말로서, 상대방을 존경하는 의미를 가진다. • 상대를 말하는 주체인 자신보다 높여야 하는 경우에 사용한다.
정중어 (공손어)	• 상대방에게 정중함을 나타내기 위한 말로서 듣는 사람을 대우해 주기 위해 공손하게 하는 말이다. • 초면인 경우나 공식적인 장소, 지위가 높거나 존경의 의미를 담아 이야기를 해야 하는 상대에게 사용한다.

(2) 압존법

듣는 사람을 높이기 위해 대화의 대상을 낮추는 어법으로, 예를 들어 "할아버지, 아버지가 아직 안 왔습니다"로 표현하는 것이다. 1992년 고시화된 〈표준화법 해설〉에서는 '가정 내에서는 압존법을 지켜도 되고, 안 지켜도 된다'고 하여 사실상 유명무실화 시켰다.

10) 경조사

- 영전에 꿇어앉거나 서서 향을 피운다.
- 잠시 명복을 비는 묵념을 한다.
- 절을 두 번 올리고 일어서서 반절을 한다.
- 종교가 있는 사람은 종교 의식에 따라 기도 또는 묵념을 한다.
- 상주에게 맞절을 한다.
- 향에 불을 붙여 불꽃을 손으로 끈 후 향로에 꽂게 되는데 이때 불꽃은 입으로 불지 말고, 왼손으로 흔들어 끈다.
- 향은 홀수를 분향한다.

생각해 봅시다!

우리가 일상생활 중 효과적으로 인간관계를 맺기 위한 비즈니스 커뮤니케이션 상황에서 바람직한 상황 또는 불편한 상황 경험에 대해서 이야기 나눠 보시오.

○ 쉬어갑시다 ○

얼굴

얼굴이란 우리말의 의미는
얼 : 영혼이라는 뜻이고
굴 : 통로라는 뜻입니다

얼빠진이 : 얼이 빠진 사람,
얼간이 : 얼이 간 사람,
어른 : 얼이 큰 사람,
어린이 : 얼이 이른 사람,
어리석은 이 : 얼이 썩은 사람이고
그래서 멍한 사람들을 보면 얼빠졌다고 합니다.

죽은 사람의 얼굴과 산사람의 얼굴은 다르듯이
기분 좋은 사람의 얼굴과 기분이 나쁜 사람의 얼굴도 다릅니다.

사람의 얼굴은 영혼이 나왔다 들어왔다 하기에 변화 무쌍합니다.

얼이 제대로 박혀있는지 빠져있는지 편안한지 불편한지
얼굴이 인격의 현 주소인 것은
얼굴 표정을 통해 감정이 나타나기 때문입니다.

웃는 얼굴, 화난 얼굴, 놀란 얼굴, 무심한 얼굴, 냉정한 얼굴.
변화 무쌍한 얼굴은 정직합니다.

표정이 그 사람의 인생을 결정하며
표정과 감정의 관계는 불가분의 관계라고 합니다.

처음 사람을 만났을 때,
첫인상이 결정되기에는 6초가 걸리며
첫인상이 결정하는 요소는
외모 표정 행동이 80%,
목소리의 높낮이 말하는 방법이 13%,
인격이 7%를 차지한다고 합니다.

나이가 들면 그 사람의 얼굴에 살아온 삶의 흔적이 나타나는데
항상 마음을 평화롭고 따뜻하게 유지하여
자신의 얼굴을 가꾸어야 합니다.

- 류태영님의 메일에서

3 Chapter

관계형성의 커뮤니케이션

1. 관계형성의 커뮤니케이션 장애요인과 극복
2. 관계형성의 말하기와 경청 스킬
3. 관계형성의 커뮤니케이션 관련 효과

1. 관계형성의 커뮤니케이션 장애요인과 극복

1) 커뮤니케이션 장애요인

2) 커뮤니케이션 장애극복

2. 관계형성의 말하기와 경청 스킬

1) 말하기 스킬

2) 경청 스킬

3. 관계형성의 커뮤니케이션 관련 효과

1) 피그말리온 효과(Pygmalion Effect)

2) 로젠탈 효과(Rosenthal Effect)

3) 낙인 효과(Stigma Effect)

4) 플라시보 효과(Placebo Effet)

5) 노시보 효과(Nocebo Effect)

6) 호손 효과(Hawthorne Effect)

Chapter 3

학습목표

1. 관계형성을 위한 커뮤니케이션의 장애요인을 알고 극복할 수 있다.
2. 관계형성을 위한 커뮤니케이션 스킬을 이해하고 활용할 수 있다.
3. 커뮤니케이션 관련 심리효과를 이해하고 설명할 수 있다.

1. 관계형성의 커뮤니케이션 장애요인과 극복

1) 커뮤니케이션 장애요인

인간관계를 형성하는 과정에서 많은 장애요인이 생기는 것은 어쩔 수 없다. 적절하지 못한 표현과 단어의 사용, 생략, 상대에 대한 불신, 주변의 시끄러운 환경 등은 장애요인이 된다.

언어학자 스토너(J.A.F. Stoner)는 커뮤니케이션의 장애가 생기는 이유를 의사소통과정의 복잡함, 성장배경, 가치관, 생활태도에 따라 메시지를 다르기 때문이라고 해석한다.

(1) 변화를 무시한다

주위 환경이나 패러다임 등이 변하고 있는데도 자기 경험만을 고집하고 타인의 정보 제공에 귀를 기울이려고 하지 않는다.

(2) 자기중심적이 된다

메시지를 전달함에 있어 커뮤니케이션이란 '상대방에게 자기의 입장이나 생각을 일방적으로 전하고, 상대방에게 자신의 사고방식이나 생각을 공조하는 것이다'라고 생각하는 경우 커뮤니케이션은 실패하며 장애요인으로 작용한다.

(3) 사실과 추론을 혼동한다

자기 멋대로 추론하고 있는 것을 '그렇다'라고 믿으며 단언하는 경우가 있다. 이것은 개개인의 성장배경과 경험, 가치관, 관심사항 등에 의해 형성되는 준거기준으로 지각하는 세계가 다르기 때문에 발생한다. 혼합 메시지, 또는 이중메시지, 이면 교류 등을 사용하여 말하는 내용과 의도가 불일치하여 생기기도 한다.

(4) 말이 갖는 의미를 해석하지 않는다

같은 말을 사용하더라도 사람, 장소, 상황에 따라 달라진다. 말하는 사람의 태도나, 발음, 말투, 화술의 부족 등으로 말하는 의도나 메시지가 전달되지 못하고 왜곡되어 상대방의 의도하는 의미를 제대로 파악하지 못하는 경우가 발생한다.

(5) 마음을 열지 않는다

상대방의 이야기를 상사의식을 가지고 듣거나 방어적으로 듣는다. 자신의 틀에 사로 잡혀서 상대방에게 수용하려는 자세를 취하지 않는다.

(6) 잘 듣지 않는다

자신만이 이야기하고 상대방의 이야기는 잘 들으려고 하지 않는다. 커뮤니케이션 성공의 포인트는 잘 듣는데 있다. 말하는 것에 30%, 듣는 것에 70%를 쓰라고 한다.

2) 커뮤니케이션 장애극복

인간관계를 형성하는 과정에서 효과적인 커뮤니케이션을 하기 위해 조용한 장소를 선택하여 잡음을 만들지 않는 물리적 환경의 조성도 무시할 수 없다.

(1) 장애극복 기본 방안

듀브린(A. J. DuBrin)은 효과적인 커뮤니케이션을 위한 장애극복 방안을 발신과정과 수신과정을 중심으로 제시했다.

- 커뮤니케이션에 앞서 아이디어를 명확히 한다.
- 문서를 작성할 때는 주된 아이디어를 앞에 쓴다.
- "당신이 아는 바 그대로", "실로" 등과 같은 말은 피한다(그러나 흥미를 돋울 수는 있다).
- 평범하고 쉬운 단어를 쓴다.
- 편견 없는 언어를 사용한다.
- 사실 아래 깔린 감정도 커뮤니케이션한다.
- 어조, 표정 등 비언어적인 행동이 미치는 결과를 생각한다.
- 말하고 있는 바에 관한 생각과 사전 정보를 동원하여 말하는데 몰입한다.
- 피드백을 받는다.
- 어휘 · 단어만을 듣는데 집중하기보다는 요점 · 의미 파악에 집중한다.
- 모든 이야기를 듣기 전에 결론을 내리지 말고 전체를 듣는다.

- 사실 자체를 듣지 말고 감정과 기분을 인정한다.
- 수신자의 관점에서 상대방의 진술을 반복하고 피드백 해준다.
- 들은 것을 확인 요약한다.

(2) 장애극복 기본방안

① 일반화, 왜곡없이 분명하고 정확하게 말하기

커뮤니케이션에서 언어는 언어 자체가 가지고 있는 상징적 특징, 즉 자의적이며 추상적이고 모호한 오해의 가능성이 항상 있다. 또한 개인적인 차이와 문화적인 차이는 커뮤니케이션의 장애를 만들고 해석을 다양하게 만든다. 주변의 상황까지 개입되는 것을 고려하게 되면 수많은 외적 요인들이 의미와 정확한 해석을 방해하기 마련이다. 어떤 절대적인 것, 개별적인 것에 일반화된 개념을 사용하여 말하면 우리 자신에게 잘못된 인식을 심어줄 수 있다. 예를 들어 '정치가는 다 거짓말쟁이다', 또는 '손이 큰 사람은 키가 크다'라는 말은 과장된 일반화이다. 좀 더 정확하고 적절하게 표현하려면 '정치가들 중에는 정직하지 않은 모습을 보이는 경우도 있다', '손이 큰 사람들 중에는 키가 큰 사람도 있다'라는 표현으로 해야 할 것이다.

뿐만 아니라 사람에 대한 평가에 대해서도 적절한 언어를 사용한다. 'A는 이기적이야', 'B는 무책임해', 'C는 예의가 없어'라는 정체적 평가는 주의해야 한다. 정체적 평가란 대상에 대한 평가에 변화가 없는 것으로 그 대상이 변하지 않는다는 의미를 담고 있는 것이다. 'A는 어떠하다, B는 어떠하다, C는 어떠하다'라는 표현을 사용할 때 A, B, C는 변하지 않고 고정되어 있기 때문에, 정체적 평가가 사람에게 사용될 때 자신의 관점과 경험으로 사실을 변형시키는 왜곡의 문제가 될 수 있다.

이러한 오해의 여지를 완전히 삭제하기는 어렵더라도 자신이 사용한 언어의 내용적 의미와 관계적 의미가 상대의 인식과 같은 영역에 속하는지, 관계에서 어떤 특정한 언어를 사용할 수 있는가 생각하여 분명하고 정확하게 말하고 서로 확인함으로써 언어 자체가 야기하는 오해를 줄여나갈 수 있다.

② T.P.O.(Time. Place. Occasion)에 맞는 언어 사용하기

상대방에게 신뢰감을 높이기 위한 방법으로 시간과 장소, 상황에 맞는 적절한 언어사용을 해야 한다. 예를 들어 말이 없고 논리적인 언어나 단어 표현만 사용하는 사람도 친구들과의 만남과 놀이에서는 다른 언어의 사용이 가능하다.

일반적으로 모든 사람들은 고정되어 있지 않고 끊임없이 변하며, 어떤 때는 자기중심적으로 행동하던 사람도 다른 경우에는 배려심이 많을 수도 있으며 무책임하던 사람이 또 다른 상황에서는 책임감 있게 행동할 수 있기 때문이다.

③ 시간과 상황을 상세히 덧붙여 말하기

우리가 어떤 것에 대해 가치를 평가할 때 특정한 시간과 특정한 상황에 의해 한정된다는 것을 주의시키기 위해 특정한 시간과 상황을 덧붙이는 것이다.

길동이가 이기적으로 행동했다.

- **이기적** : 다른 사람을 생각하지 않고 자기 입장에서만
- **행동했다** : 2018년 7월 13일

길동이가 예의가 없는 행동을 했다.

- 동아리 모임 행사에서

④ 사실, 감정, 주장으로 자기표현하기

인간관계에 있어서 서로 갈등이나 어려운 일이 있을 때 그것을 표현하는 방법이 있다. 상호 효과적이고 효율적인 커뮤니케이션이 중요한 시점에서 자기표현을 제대로 할 수 있다는 것은 성공의 요소이자 관계의 핵심이다. 자기표현을 제대로 못하는 것의 원인은 자신의 생각과 감정을 공격적으로 사용하기도 하며, 때로는 소심함이 원인이 되기도 한다.

자기표현을 잘하는 사람들은 객관적인 사실에 대해 설명한 후 자신의 생각과 감정을 담을 말을 사용함으로써 자신에 대한 책임을 스스로 진다. 마지막으로 자신의 느낌을 주장함으로써 자기 자신에게 일어난 것들에 대해 다른 사람을 비난하지 않는다.

2. 관계형성의 말하기와 경청 스킬

1) 말하기 스킬

(1) 신뢰 화법

상대방에게 정중함과 신뢰감을 줄 수 있는 대화의 말이나 어미의 선택을 한다. 다까체 70%와 요조체 30%를 사용하게 되면 바람직한 화법이 될 수 있다.

- 정중한 화법(다까체) 70% : ~입니다, ~입니까?
- 부드러운 화법(요죠체) 30% : ~예요?, ~이죠?

(2) 의뢰형 화법(레어드)

사람들은 "~해!" 같은 명령형의 말을 들게 되면 반발심이나 거부감이 들기 쉽다. 의뢰형이나 질문형식으로 바꾸어 말하면 훨씬 부드러운 대화가 될 수 있다.

- ~ 해 주시겠습니까?
- ~ 부탁해도 될까요?

(3) 쿠션 화법

상대방에게 불쾌감을 덜 느끼게 하면서 적극적으로 해결하겠다는 감정과 의사를 전달하는 표현으로, 상대방이 원하는 것을 들어주지 못하거나 상대방에게 부탁을 해야 할 경우 기분이 나빠지는 것을 최소화할 수 있다.

- 실례합니다만, 죄송합니다만, 공교롭게도, 번거로우시겠지만, 괜찮으시다면, 양해해 주신다면

(4) 맞장구 화법

상대방의 호감을 살 수 있는 대화의 가장 기초적인 요령은 상대방이 하는 이야기를 관심 있게 귀담아 들어주는 것이다.

- 가벼운 맞장구 : 저런, 그렇습니까?
- 동의 맞장구 : 과연, 정말 그렇겠군요, 예, 그렇습니까?
- 정리 맞장구 : 그 말씀은 ~ 이라는 것이지요?
- 재촉 맞장구 : 그래서 어떻게 되었습니까?
- 몸짓 맞장구 : 고객 끄덕끄덕, 갸우뚱, 눈 맞춤

(5) 긍정 화법

부정적 표현보다는 긍정적 표현으로 바꾸고, 같은 내용도 긍정적인 부분을 강조해서 말한다. 또한 긍정적 내용과 부정적 내용을 함께 말해야 하는 경우는 부정적인 것을 먼저 이야기하고 나중에 긍정적인 내용을 이야기 하는 것이 효과적이다. 이런 화법을 '아론슨 화법'이라고 한다.

- 상대방을 조금 기다리게 한 경우

  기다리게 해서 죄송합니다. (×) - 기다려 주셔서 감사합니다. (○)
- 이 제품은 비싸지만, 품질은 아주 뛰어납니다.

(6) 개방적 화법

대화를 진행하면서 상대방의 이야기를 많이 듣기 위해 요령있게 질문하는 화법이다. 즉, '네 또는 아니오'로 대답할 수 있는 폐쇄적인 질문이 아닌, 상대방의

자유로운 대답을 들을 수 있는 개방적인 질문을 사용하는 것이 좋다.

- 점심 드셨습니까? (×) - 점심 어떠셨습니까? (○)

(7) I-message 화법

자기의 생각과 감정을 담아, 자신의 느낌을 책임지는 표현으로 나 메시지(I-message)를 사용하는 반면, 너 메시지(You-message)는 상대방에게 책임을 지우는 것이다. 예를 들어 약속시간에 늦은 친구에게 "일찍 좀 다녀~"라는 말은 전형적인 You-message이다. 상대방에게 직접 충고, 명령, 나무람, 비난 등의 뜻을 내포한 메시지를 던지면서, 상대방에게 문제의 책임을 지우기 때문에 상대방은 부정적인 감정을 가질 뿐 아니라 자존심이 상하고, 불쾌하게 느끼게 된다.

I-message의 기본원리는 상대방의 행동을 문제 삼고, 상대방에게 책임을 넘기는 대신에 그의 행동에 대한 나의 기분을 알려주는 것이다. I-message는 상대방에게 상대방의 행동 또는 상황 – 그에 따른 결과(나에게 미친 영향) – 나의 감정이나 느낌을 포함한다.

① 나 메시지(I–message) 예

어떻게 매번 점심 약속시간에 늦을 수 있니?

- 네가 약속시간에 매번 늦으니(행동, 상황), 점심이 다들 늦어져서(결과) 친구들이 모두 배가 고파 난감해(감정, 기분)

왜 이렇게 일을 빨리 못하는 거니?

- 일이 자꾸 늦어지니(행동, 상황), 마감 날짜를 못 맞춰서(결과) 모두가 초조해하고 있어(감정, 기분)

떠들지 마!

- 큰소리로 말하니(행동, 상황) 수업에 집중할 수가 없어서(결과) 힘이 드네(감정, 기분)

② 나 메시지(I-message)의 장점

• 솔직성

나의 입장과 감정을 솔직하게 전달하는 기능이 있다. 사람들은 솔직한 이야기를 들으면 함께 솔직해지고 더욱 진지하게 대화를 할 수 있다.

• 완전성

단정적으로 말하는 You-message와 달리 전후 사정과 그것에 대한 나의 입장까지 알려주기 때문에 완전한 메시지를 전할 수 있다.

• 안정성

상대방을 직접 판단, 평가, 공격하는 것이 아니기 때문에 방어심리를 덜 유발한다. 상대방은 You-message의 경우보다 I-message를 통해 훨씬 편안하게 대화할 수 있다.

2) 경청 스킬

(1) 경청의 장애요인

부정확한 청취	• 매력 : 상대방이 너무 매력적이거나 그 반대인 경우 • 편견과 선입견 : 이전의 평판이나 근거 없는 편견. 자신의 선입견 • 컨디션 : 질병이나 피로, 컨디션의 난조 • 관심사 : 긴박하거나 중요한 자신의 일에 몰입 • 집착 : 지나치게 민감하게 반응 • 유사성 : 상호 문제의 유사성으로 자의적 판단과 해석 • 이질감 : 지식, 관심, 환경의 차이로 이해와 해석 차이
평가적인 청취	• 상대방에 대해 스스로 평가하면서 들음(선악, 무례함, 시시비비, 호불호 등)
왜곡된 청취	• 문화적 편견 : 선진국과 후진국, 부유함과 빈곤함 • 의사소통 편견 : 사상, 종교에 대한 편파성 • 편파적 지식 • 동정심 : 상대에 대한 동정심(동정심보다는 공감이 필요)

(2) 효과적인 경청 스킬

① 커뮤니케이션에서는 듣는 경청 스킬도 중요함을 잊어서는 안 된다. 상대방이 진정으로 말하고자 하는 요점을 정확히 파악하며, 말하는 사람에게 최대한 동화될 수 있도록 상대방의 입장을 이해하면서 이야기를 듣는다.

② 상대방의 생각이나 주장, 요구를 일단 인정하고 동의할 수 있는 부분을 찾아가며 듣고 난 후에 자신의 생각이나 주장을 요구한다.

③ 상대방의 이야기를 중도에 끊거나 가로채지 않는다.

④ 상대방이 이야기 하고 있을 때 섣부르게 지레짐작하거나 주관적 판단을 금한다.

⑤ 상대방이 말하는 속도에 자신의 사고력과 이해를 맞추려고 노력한다.

⑥ 이해하지 못한 것은 질문을 통해 반드시 이해하며 듣는다. 특히 전문용어나 개념이 납득이 되지 않으면 설명을 부탁하거나 개념을 정의 하면서 듣는다.

⑦ 귀 뿐만 아니라 눈으로 적극적으로 듣는다. 말하는 상대방을 관찰하여 표정, 제스처, 태도, 행동, 비언어적 요소의 의미를 파악하여 노력하면서 듣는다.

(3) 경청의 여러 가지 기법

① 1.2.3 기법

자신은 1(한)번만 말하고, 상대방의 말은 2번 들어주고, 3번 맞장구를 친다.

② BMW기법

BODY(자세)	표정, 눈빛, 자세와 움직임을 상대에게 기울이며 집중한다.
MOOD(분위기)	말투, 음정, 음색, 말의 빠르기, 음의 높낮이를 고려한다.
WORD(말의 내용)	상대방을 존중하고, 상대방이 원하는 것이 무엇인지 집중한다.

③ Family법칙

Friendly	친절하게 경청
Attention	집중하며 경청
Me, too	공감하며 경청
Interest	관심을 가지고 경청
Look	바라보며 경청
You are centered	상대방을 중심으로 경청

생각해 봅시다!

상황 : '약속 후 친구는 늘 약속시간에 늦는다. 매번 15분씩 늦는 친구는 아무렇지도 않게 미안하다고 하면서 또 늦곤 한다. 친구의 얼굴에서는 진심으로 미안한지도 잘 모르겠다.'

말하는 사람과 듣는 사람의 역할을 정한 후 평소 이러한 상황에서 자신이 처음 했던 말의 습관을 떠올리며 평소에 대화와 I-message 대화를 만들어서 이야기 나눠 보시오.

3. 관계형성의 커뮤니케이션 관련 효과

1) 피그말리온 효과(Pygmalion Effect)

누군가에 의해 사람들의 믿음이나 기대, 예측이 그 대상에게 그대로 실현되는 경향으로서 그리스 신화에서 유래하였다. 긍정적으로 기대하면 상대방은 기대에 부응하는 행동을 하면서 기대에 충족되는 결과가 나오게 되는 현상을 말한다.

2) 로젠탈 효과(Rosenthal Effect)

피그말리온 효과를 교육학에 접목한 것을 로젠탈 효과하고 하는데 1968년 하버드 대학교 로버트 로젠탈 사회심리학 교수 등이 초등학교 학생을 대상으로 실시한 실험에서 증명한 후 교수의 이름을 따서 명명되었다. 실험에서 초등학교 전교생을 대상으로 지능검사를 실시한 후 무작위로 선정한 20%학생들에게 'IQ가 높은 학생들'이라고 믿게 하였다. 그리고 8개월 후 다시 실시한 검사에서 IQ가 높은 학생들이라고 선정된 아이들이 실제 다른 학생보다 높은 점수를 보였고, 학업성적도 향상된 모습을 나타났다. 즉, 로젠탈 효과는 아이들을 학습시키는데 있어서 학생들을 능력 있는 학생으로 기대하면 그들의 능력은 더욱 신장되며, 그와 반대로 능력이 없는 학생으로 기대하면 그들의 능력은 신장되지 못하는 현상을 말한다. 이는 교사가 학생 개개인을 어떤 관점에서 대해 주느냐에 따라 학생의 학업성취도가 달라진다는 것이다.

3) 낙인 효과(Stigma Effect)

피그말리온 효과와는 반대현상의 심리학의 반대효과이다. 'Stigma'란 죄수나 노예, 또는 가축에게 찍던 낙인에서 유래한 말이다. 범죄학이론 중에 낙인이론이 있다. 1960년대 등장한 이론으로 어떤 특정한 행동이 사회적 규범을 어겼을 경우 사람들이 일탈자로 낙인찍으면 결국에는 범죄자가 되고 만다는 이론이다. 이처럼 전과나, 강도, 사업실패 등과 같은 좋지 않은 과거 경력에 의해 나쁜 사람, 무능력한 사람으로 낙인 받으면 의식적, 무의식적으로 그런 방향으로 행동하게 되는 것을 말한다. 주변사람들에 의해 바보라고 낙인이 찍힌 아이는 점점 바보처럼 행동하게 되며, 학교에서 말썽 피우는 학생으로 인식된 학생은 점점 문제학생처럼 행동하게 된다.

4) 플라시보 효과(Placebo Effet)

위약효과라고도 하며, 약효가 전혀 없는 거짓 약을 진짜 약으로 가장, 환자에게 복용토록 했을 때, 환자의 병세가 호전되는 효과를 말한다. 플라시보란 말은 '마음에 들도록 하다'라는 뜻의 라틴어로 가짜 약을 의미한다. 만성질환이나 심리상태에 영향을 받기 쉬운 질환에서는 이 플라시보를 투여해도 효과를 보는 경우가 있는 것을 말한다. 긍정적인 심리적 믿음에 따라 긍정적인 결과를 가져오는 것을 의미한다.

5) 노시보 효과(Nocebo Effect)

플라시보 효과의 반대로, 진짜 약을 줘도 환자가 효과가 없다고 생각하면 약효가 나타나지 않은 현상을 말한다. 약효가 없는 가짜 약을 주었을 때 병세가 호전되는 플라시보 효과와 정반대 현상이다. 부정적인 심리적 믿음이 부정적인 결과를 의미하는 효과이다.

6) 호손 효과(Hawthorne Effect)

하버드 대학교 교수 엘튼 메이요(Elton Mayo)를 중심으로 '호손공장'에서 행한 실험에서 유래하였다. 실험대상이 된 피험자들은 자신이 실험과정에 참여함을 인식하는데, 이러한 인식이 실험결과에 미치는 효과이다. 사람들은 누군가 관심을 가지고 지켜보면 더 분발한다. 그런 현상은 할 수 있다고 믿으면 잘하는 피그말리온 효과와도 비슷하지만 여럿이 함께 일하면 생산성이 올라가는 사회적 촉진 현상과도 관련이 있다. 그런 현상이 산업 현장에 적용되어 누군가 관심을 가지고 지켜볼 때 생산성이 향상되는 현상을 말한다.

생각해 봅시다!

자신이나 주변에서 경험한 커뮤니케이션의 심리효과 사례들을 공유하고 듣는 사람은 Family 경청 기법으로 경청하시오.
(이때 경청자세가 좋았던 사람을 선정하고 어떤 점이 가장 좋았는지 칭찬하시오.)

○ 쉬어갑시다 ○

소통을 잘 할 수 있는 방법

여덟단어(박웅현 저)의 내용이다. 할리우드에는 '7 Words Rule'이라는게 있다고 한다. 많은 사람들이 투자를 받기위해 시나리오를 가져오니, 투자를 받고 싶으면 시나리오를 일곱단어로 설명해보라는 것으로 '결혼을 했는데 마누라가 조폭이네? 조폭마누라' 이런 식으로 그림이 확 그려지도록 설명하라는 이야기이다.

이 훈련은 많은 도움이 된다고 한다. 박웅현 저자는 미국에서 대학원 다닐 때 자신이 하고 싶은 말을 딱 한줄로, 그리고 세 개의 패러그래프로 써보고, 그것을 다시 챕터별로 나눠서 논문을 만든다고 했다. 말하고 싶은 것을 일곱단어로 정리되지 않는 건 아직 자기 생각이 정리되지 않았다는 것이라고 한다.

그는 광고 만들 때도 이것을 적용을 했다고 했다.

'맥킨지 룰'더 7 Words Rule과 비슷하다. 자신이 탄 엘리베이터에 CEO가 같이 탔는데 15초 후에 문이 열린다고 가정하고, 거기서 내 생각을 어떻게 말해서 CEO의 마음을 끌 것인지 생각해 보라는 것이다. 예를 들어 "왜 지역별로 마케팅을 하십니까?타깃별로 하십시오. 자세한 건 나중에 보고드리겠습니다" 라고 하면 누가 궁금해 하지 않겠느냐는고 하며 둥글게 가지고 있는 생각을 정리한는 습관을 기르고, 그걸 더 정리해서 증류해보라고 했다. 거기에서 나오는 엑기스가 본인의 진짜 생각이 되어 준다는 것이다.

공책을 가져가 찌는 친구를 만들어 주셔서 감사합니다.
열입곱에 피말리는 전쟁을 경험하게 해주셔서 감사합니다.
스스로 뛰어내리게 하사 경쟁자를 물리쳐주셔서 감사합니다.
중앙일보 고1의 반란...'내신전쟁'불만폭발(2005.05.03.백일현, 이충형기자)중에서

한 고등학생이 내신제에 대해서 쓴 글이라고 한다.

사람을 움직이고 싶고, 주변에 영향을 주고 싶고, 세상을 변화시키고 싶다면, 다른 사람을 먼저 배려하고 생각을 정리하는 습관을 가질 때 소통은 아주 성공적일 것이라고 적고 있었다.

- 인생을 대하는 우리의 자세 여덟단어 P207-209(박웅현 지음) 중에서

4 Chapter

팀워크와 커뮤니케이션

1. 팀워크의 의미와 발전단계
2. 효과적인 팀의 조건과 팀워크의 촉진
3. 조직 커뮤니케이션의 중요성과 장애요인

1. 팀워크의 의미와 발전단계

1) 팀워크의 의미

2) 팀워크의 발전단계

2. 효과적인 팀의 조건과 팀워크의 촉진

1) 효과적인 팀의 조건

2) 팀워크 촉진 방법

3. 조직 커뮤니케이션의 중요성과 장애요인

1) 조직 커뮤니케이션 중요성

2) 조직 커뮤니케이션의 구분

3) 조직 커뮤니케이션의 장애 요인

Chapter 4

학습목표

1. 팀워크의 의미와 발전단계를 설명할 수 있다.
2. 효과적인 팀의 조건과 촉진방법을 설명할 수 있다.
3. 조직 커뮤니케이션의 중요성을 이해하고 장애요인을 극복할 수 있다.

1. 팀워크의 의미와 발전단계

앤드류 카네기는 팀워크의 중요성을 다음과 같이 강조한 바 있다.

"팀워크가 없는 회사는 제대로 운영되지 않는다. 혼자 운영하는 조그마한 사업체라도 반드시 팀워크가 필요하며 조직과 팀워크는 뗄래야 뗄 수 없는 단어다. 성공한 회사들을 분석해 보면 능률적이고 조화롭게 팀워크가 반드시 이루어지고 있으며 성공한 기업에서는 대부분 관계성과 팀워크를 전담하는 부서가 존재한다."

1) 팀워크의 의미

'혼자 빛나는 별은 없다' 인생과 기업에서의 성공은 다른 사람과의 협력과 팀워크에 의해서 좌우되는 경우가 많기 때문에 빨리 가고 싶으면 혼자 가고, 멀리

가고 싶으면 함께 가라고 한다. 팀워크는 공동의 가치 있는 목표를 위해, 주어진 과업을 상호의존적인 활동과 구조적인 의사소통을 통해, 책임감과 적극적으로 팀원 간에 아이디어, 지식, 정보를 공유하고 협력하면서 호의적인 관계유지를 하는 것이다.

Teamwork = Team + Work

조직 또는 인간관계에서 팀을 구성하는 팀원들은 각자의 개성을 가지고 있지만, 팀 업무를 수행하면서 팀의 분위기와 팀 문화를 받아들이면서 팀 속에 융화하면서 협업해 나가는 것이 중요하다고 할 수 있다. 팀워크와 유사한 의미로 집단에 속하는 응집력은 서로 다른 뜻을 가지고 있지만 집단에 머물도록 만들고, 집단의 멤버로서 계속 남아있기를 원하게 만드는 힘일 뿐이다. 팀워크와 응집력의 차이는 팀이 성과를 내지 못하면서 분위기만 좋은 것은 팀워크보다는 응집력이 좋은 것이라고 말할 수 있다.

그래서 팀워크 능력이란 직장생활에서 다른 구성원들과 목표를 공유하고 원만한 관계를 유지하며, 자신의 역할을 이해하고 책임감 있게 업무를 수행하는 능력을 말한다.

단순히 모임의 의미를 중요시 하는 것이 아니라 목표달성의 의지를 성과로 연결해 내는 것이야말로 팀워크와 팀워크 능력이 조화로운 조직이다.

2) 팀워크의 발전단계

팀은 성과 실행을 위해 시간과 단계를 거쳐 일반적으로 발전하게 된다.

(1) 형성기(Forming)

팀원들이 리더에게 많은 부분을 의지하며 팀에서 인정받기를 원하고, 다른 팀원들을 신뢰할 수 있는지 확인하고 싶어 하는 단계이다. 팀에 대한 기대를 형성하면서 팀원들 사이의 논쟁을 피하기 위해 유지되고, 심각한 주제들과 생각들에 대한 논의는 회피한다. 팀원들은 팀원과 과제에 몰두하기 위해 노력하며, 주로 과제의 범위에서 논의를 정하고 그것에 접근하는 방법에 집중한다. 다음 단계로 성장하고 발전하기 위해 팀원들은 비 위협적인 주제에 안주할 생각을 접으면서도 마찰의 가능성 또한 고려해 봐야 한다.

(2) 격동기(Storming)

경쟁과 마찰이 일어나는 단계로 팀원들이 과제를 수행하기 위해 체계를 갖추게 되면서, 필연적으로 마찰이 일어나기도 하고, 개인은 그룹의 기준과 기대를 맞추기 위해 유연해지면서, 아이디어, 태도, 감정, 믿음의 조화와 균형을 맞춰야 한다. 팀원 간의 마찰이 존재하고, 어떤 일에 대한 책임의 주체, 규칙의 내용, 보상체계의 방법 그리고 평가방법 등에 대한 질문이 생겨난다. 리더십, 구조, 권한, 권위에 대한 문제 전반에 걸쳐서 경쟁심과 적대감이 나타난다.

다음 단계로 전진하기 위해 팀원들은 시험과 검증의 자세에서 문제해결의 자세로 바뀔 수 있는 길을 찾아야 하며, 이때 가장 효과적인 도구는 타인의 의견을 경청하고 의사소통 할 수 있는 능력을 갖추는 것이다.

(3) 규범기(Norming)

인간관계에 대한 응집력이 생기고, 팀원 전체의 기여에 대해 더 잘 이해하고 인정한다. 공동체 형성과 팀의 문제해결에 더욱 집중하고, 다른 팀원들과 의견이 엇갈릴 때는 개인적인 감정 또는 고집을 버리고 적극적으로 논의하며, 리더십이 공유되고 파벌이 사라지기 시작한다. 팀원들의 신뢰수준이 향상되고, 팀원들은 상호 간의 마찰을 해결함으로써 얻는 만족감과 공동체의식, 협업의 기쁨을 경험하기 시작한다.

규범기에서 가장 중요한 기능은 의사소통인데 솔직하게 감정과 생각을 나누고

서로 간에 피드백을 주고받고 요청하며, 창의력과 생산성이 왕성해진다. 솔직한 의사소통이 이루어지며 팀원들은 팀의 일부라는 것에 대해 만족하는 시기이다.

(4) 성취기(Performing)

이 단계에 이르기 위해 팀원들은 역량과 인간관계에서 깊이 있게 진정한 상호 의존성도 있어야 한다. 모든 팀들이 성취기의 단계에 이르는 것은 아니다. 성취기에는 동등한 효율성을 발휘하는 팀, 또는 총제적인 단위로서 독립적으로 일할 수 있어야 하기 때문이다. 팀원의 역할과 권한들이 팀과 팀원 개개인들의 변화 욕구에 역동적으로 따라 주어야 한다.

팀원들이 매우 과제 지향적이자 인간 지향적이며, 조화를 이뤄 사기충전하며, 팀에 충성심을 보여준다. 전체적인 목표는 문제해결과 일을 통한 생산성이며, 이는 팀이 이룰 수 있는 최적인 단계이다.

(5) 해체기(Adjourning)

새로운 변화를 탐색하는 단계이다. 기존 규정과 규범이 불필요하며 새로운 틀의 형성이 서서히 시작하면서 점차적으로 소멸한다.

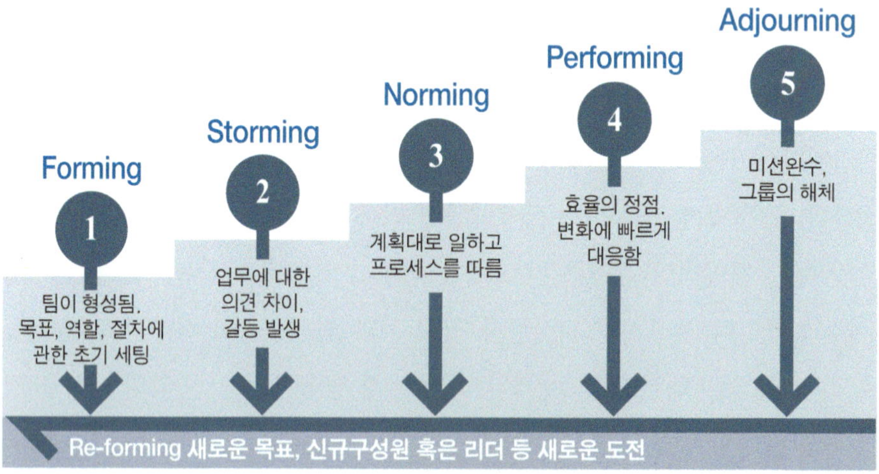

[그림 4-1] 팀워크의 발전단계

생각해 봅시다!

주변에서 팀워크와 응집력으로 모인 각각의 사례를 이야기 나눠 보시오.

2. 효과적인 팀의 조건과 팀워크의 촉진

효과적인 팀이란 팀원의 관계성뿐만이 아니라 팀원의 역량을 최대로 활용하는 팀이다. 팀원들의 강점을 잘 인식하고 강점을 토대로 목표달성을 최대로 발휘할 수 있는 자신감 넘치는 팀을 말한다.

1) 효과적인 팀의 조건

(1) 팀의 비전과 목표가 명확하다

팀은 목표와 그에 따른 비전을 분명하게 가질 필요가 있다. 현재 팀원 각자에게 주어진 일 뿐만이 아니라 팀이 전체적으로 초점을 맞추고 있는 부분을 이해하고 추진하는 것이다. 목표와 목적을 공유할 때 팀원들은 팀에 몰입하게 된다. 따라서 효과적인 팀의 리더는 팀의 목표와 비전에 대해 공유하고 함께 소통한다.

(2) 창의성을 존중한다

도전정신과 창의적인 생각은 효과적인 팀의 중요한 발전 지표가 된다. 팀은 서로 다른 업무 수행방식은 새로운 변화를 시도하게 되고, 새로운 프로세스나 기법을 실행할 수 있는 기회를 추구한다. 또는 효과적인 팀은 문제를 다루거나 결정을 내릴 때 유연하고 창의적인 행동을 한다.

(3) 책임과 역할 분담이 명확하다

팀원의 역할과 책임을 명확하게 규정하며, 팀원 각자는 자신에게서 기대되는 바가 무엇인가 잘 알고 있으며, 동료 팀원의 역할도 잘 이해하고 있다. 그러나 효과적인 팀은 변화하는 요구와 목표, 변화하는 환경에도 뒤쳐지지 않도록 역할과 책임에 대해서도 수정할 수 있다.

(4) 개인의 강점을 인정하고 활용한다

축구, 야구, 농구 등의 스포츠 팀 코치가 선수의 역량과 강점을 파악하여 잠재력을 키우듯이, 효과적인 팀의 리더는 팀이 가진 역량, 지식, 재능을 정기적으로 파악한다.

팀 리더는 팀의 강점과 약점을 잘 인식하며, 서로 인정할 수 있는 분위기와 개개인의 능력을 효율적으로 활용한다.

(5) 조직화가 잘 되어 있다

규정, 절차, 방침을 명확하게 규정한다. 잘 구조화된 팀은 자체적으로 해결해야 하는 모든 업무과제의 요구에 대응할 수 있으며 문제해결이 원만하다.

(6) 팀 문화를 발전시킨다

참여도와 시너지를 낼 수 있도록 열정적으로 일하는 팀 문화를 발전시킨다. 팀원들이 협력하여 일하는 것이 더욱 생산적이라고 느끼며, 팀 활동이 흥미와 활력을 회복시킬 수 있다고 본다. 팀의 문화를 만들고 그것을 발전시킨다.

(7) 건설적이며 객관적인 결정을 내린다

어떤 팀이든 불협화음이나 의견의 불일치 등의 문제발생이 있다. 갈등이 발생할 때 개방적으로 다뤄, 팀원의 갈등의 존재를 인정하며, 상호 신뢰를 바탕으로 솔직하게 토의함으로써 갈등을 건설적으로 해결한다.

또한 문제해결과 의사소통의 결정을 합의를 통해 이룬다. 모든 사람이 내린 결정을 준수하고 기꺼이 이를 지원하고자 한다. 팀원들은 어떠한 결정에 대해서든 각자의 생각을 자유롭게 개진하며 이를 통해 결정을 명확하게 이해하고 수용하며 상황별 대응에 계획하게 된다.

(8) 결과에 초점을 맞춘다

적시 적소에 성과를 내는 것은 효과적인 팀의 진정한 기준이 된다. 효과적인 팀은 개별 팀원의 노력을 단순히 합친 것 이상의 결과를 성취하는 능력을 가지고 있다. 이러한 팀의 구성원들은 지속적으로 시간, 비용 및 품질기준을 충족시켜 준다. 최적의 생산성은 팀원 모두가 공유하는 목표이다.

(9) 팀의 운영방식을 점검한다

효과적인 팀의 운영을 위해 자체 운영방식에 대해 일상적으로 점검하며 지속적인 개선과 전향적 관리에 대해 평가하고 관리한다. 따라서 업무수행에 문제가 발생하더라도 해결이 용이하다.

(10) 개방적으로 의사소통한다

구성원들은 서로 직접적이고 솔직하게 대화한다. 팀원 각자는 상대방으로부터 조언을 구하고 상대의 말을 충분히 고려하며, 아이디어를 적극적으로 활용한다.

2) 팀워크 촉진 방법

인간관계에서 팀워크가 꼭 필요하다는 점은 분명하다. 자기중심적인 이기주의와 타인에 대한 질투나 시기로 인한 파벌주의, 사고방식에 대한 차이, 그리고 자아의식의 과잉현상, 커뮤니케이션의 장애 등은 팀워크를 저해하는 요소로 볼 수 있다. 팀워크가 필요한 인간관계에서 팀워크의 조화가 이루어지지 않을 경우 불평불만의 증가, 팀원들 간의 적대감이나 갈등, 냉담과 전담적인 관심 부족 등으로 나타난다.

(1) 동료 피드백 장려하기

긍정이든 부정이든 피드백이 없는 팀은 정체적이며 발전이나 개선이 어렵다. 팀 목표를 달성하도록 환경 조성을 위해서는 동료들의 피드백이 필요하다. 발전적이고 탁월한 성과를 내고자 하는 노력을 게을리 하지 않도록 피드백은 필수적이며 장려한다.

(2) 갈등 해결하기

성공적으로 운영되는 팀은 갈등 해결에 능숙하며 회피하지 않는다. 효과적인 갈등관리로 혼란과 내분을 방지하고, 팀의 개선방향에서의 방해요소를 사전에 방지하고 없앤다. 활력에 찬 팀은 의견 불일치를 바로바로 해소하는 방법을 배우고 해결하는데 힘쓴다. 왜냐하면 갈등은 시간이 지남에 따라 증폭되고 팀은 허약해질 것이기 때문이다.

(3) 창의력 조성을 위해 협력하기

성공적인 팀워크를 위해서는 언제나 협력과 협업이 필요하다. 모든 구성원이 잠재력을 최대로 활용하는 팀은 협력의 중요성을 잘 이해하고 있다. 모든 팀원이 협력하여 창의적인 아이디어가 넘쳐나며 혁신적인 발전도 이루어진다.

(4) 참여적으로 의사소통하고 의사결정하기

의사결정을 내릴 수 있다는 것은 임파워먼트(Empowerment)를 발휘한다는 것을 의미한다. 그리고 자신 있게 미래를 만들어 갈 수 있는 기회가 제공되었음을 뜻한다. 어떠한 팀에서든 의사결정이 내려지기 마련이며, 의사결정을 내리는 사람은 팀을 통제하기 때문에 참여적 의사결정의 분위기를 만든다.

(5) 수시로 정보 공유하기

정보공유는 팀워크의 가장 필수적인 요소로 조직구성원 간의 정보의 단절은 팀워크의 업무성과를 무너뜨리고 작은 정보라도 수시로 공유하는 것이 필요하다. 정보가 공유되지 않는다면 업무의 진행경과가 늦어지고 팀원들의 불만이 생겨날 수 있다.

(6) 원활한 커뮤니케이션하기

팀워크 형성의 가장 큰 장애물은 팀원 간 커뮤니케이션의 문제, 소통의 어려움에서 빚어진다는 것이 전문가들의 일반적인 견해이다. 생각과 의견을 공유하고, 각자의 차이점을 조율하는 소통의 과정이 반드시 필요한데, 만약 소통에 장애가 생긴다면 심각한 내부 갈등과 위기상황을 초래하게 된다.

생각해 봅시다!

주변에 팀워크가 좋은 팀의 사례와 팀워크가 좋지 못한 팀의 사례를 공유하고 그 원인에 대해서 이야기 나눠 보시오.

3. 조직 커뮤니케이션의 중요성과 장애요인

1) 조직 커뮤니케이션 중요성

조직 목표의 성공적 수행뿐만 아니라 조직구성원 간의 신뢰감을 형성하고 업무의 시너지 효과를 창출, 직장 내 분위기를 긍정적으로 조성하기 위해 구성원 간의 의사전달 시스템과 분위기 조성은 중요하다. 구성원 각자가 의사소통의 중요성을 깨닫고 참여의식과 스스로 노력하려는 마음을 가져야 하는데, 그렇지 못할 경우 잘 못 전달된 메시지로 인해 예상치 못한 결과와 손실의 발생은 피할 수 없게 되기 때문이다. 조직에서의 커뮤니케이션은 성격과 내용에 따라 업무적, 창의적, 정서적 커뮤니케이션의 3가지 유형으로 나눌 수 있다. 업무적 커뮤니케이션은 일상적 업무수행과 직접적으로 관련이 있는 것으로 업무지시와 보고, 피드백 및 정보공유 등을 포함한다. 창의적 커뮤니케이션은 새로운 아이디어의 창출을 촉진하는 소통을 의미하며 비전 제시와 아이디어 제안, 부서 간 협업 등을 포함한다. 정서적 커뮤니케이션은 인간관계 및 직장생활의 질과 관련된 감성적 커뮤니케이션으로 조직구성원 간 교류와 공감, 상하 간 배려와 이해 등을 포함한다.

또한 전달방법에 따라 공식적 커뮤니케이션과 비공식적 커뮤니케이션으로 구분한다.

2) 조직 커뮤니케이션의 구분

(1) 방법에 따른 구분

① 공식적 커뮤니케이션

- 하향적 커뮤니케이션 : 조직의 위계나 명령에 따라 상급자로부터 하급자에게 전달되는 명령이나 지시를 포함하는 커뮤니케이션

- **상향적 커뮤니케이션** : 하급자의 성과나 의견, 태도 등을 상부로 전달하는 과정으로서 조직 내의 쌍방적 커뮤니케이션이 가능
- **수평적 커뮤니케이션** : 조직 내에세 위계수준이 같은 구성원이나 부서 간의 커뮤니케이션을 의미하는 것으로서 상호작용적인 커뮤니케이션

② 비공식적 커뮤니케이션(그레이프바인 : Grapevine)

- 조직의 커뮤니케이션은 공식적 체계뿐만 아니라 자생적으로 형성된 비공식적 체계도 존재한다. 이러한 비공식적 커뮤니케이션 체계를 포도넝쿨과 닮았다 하여 '그레이프바인(Grapevine)'이라고 칭한다.
- 오늘날 비공식적 커뮤니케이션을 지칭하는 의미로 사용한다.
- 미국의 남북전쟁 당시 전신체계가 엉망이어서 정보의 전달과 수신상태에 문제가 발생한 데서 유래하였다.

(2) 성격과 내용에 따른 구분

한국 기업의 경영진과 직장인을 대상으로 조직 내 커뮤니케이션 설문조사 결과 업무적, 창의적, 정서적 커뮤니케이션 모두 문제점이 나타났다.

① 업무적 부분 : 불명확한 업무 지시와 피드백 부족

업무와 관련된 정보공유가 잘 안되며, 업무지시가 애매하고, 시키는 대로 하라는 일방적 업무지시가 업무적 커뮤니케이션의 문제로 제기된다. 보고 결과에 대한 피드백이 부족하고, 보고자의 말을 자르며 자기 생각만 말하는 상사가 다수인 경우가 있다.

② 창의적 부분 : 부서 이기주의와 쌍방향 의견·정보 교류 미흡

팀원들은 창의적인 제안에 대해 책임지고 실행해야 한다는 부담감으로 창의적인 제안이 부족하다고 인식하고 있으며, 반면 경영진은 주어진 업무만 하려는 직원들의 소극적인 태도를 문제점으로 제기하고 있다.

③ 정서적 부분 : 경영진의 관심과 노력, 칭찬과 격려 부족

고충을 해결하려는 상사와 경영진의 노력이 부족하고, 고충이 있어도 쉽게 말할 수 없는 경직된 조직 분위기가 존재하며, 서로를 칭찬하고 지지, 격려하는 분위기가 아니라고 생각하고 있다.

3) 조직 커뮤니케이션의 장애 요인

(1) 장애 요인

정보의 과다	수신자의 능력을 초과하는 메시지의 양은 정보의 과다를 초래하여 커뮤니케이션 장애로 이어진다.
메시지 복잡성	발신자가 관리자인 경우, 메시지를 개인적으로 조직의 대표자로 커뮤니케이션 하게 되므로, 수신자는 발신자가 어떤 입장에서 메시지를 보내는지 알기가 어려워 장애가 발생한다.
메시지 경쟁	수신자는 흔히 두 가지 이상의 경쟁을 요하는 메시지를 받는다. 예를 들어 보고서를 검토하면서 전화를 받는 경우이다. 이때 주의가 산만함으로 인해 커뮤니케이션이 성공적으로 이루어지기 어렵다.
상이한 직위와 과업지향성	사람들은 직위를 달리하거나 과업의 책임을 다르게 하는 조직 내외의 다른 사람들과 커뮤니케이션하기를 회피하는 경향이 있는데 이런 상황이 커뮤니케이션 장애를 일으킨다.
신뢰의 부족	신뢰는 커뮤니케이션의 결정적인 구성요소이기 때문에, 신뢰의 부족과 불신은 커뮤니케이션의 절대적인 장애요인이 된다.
커뮤니케이션을 위한 구조상의 권한	조직 내 커뮤니케이션은 누가 누구에게, 그리고 누가 의사결정의 권한을 갖고 있는가 등의 공식적인 제한에 따라 영향을 받고 있으므로, 조직구조가 어떻게 되어 있는가에 따라서는 커뮤니케이션의 장애요인이 될 수 있다.
잘못된 매체의 선택	모든 매체가 주어진 커뮤니케이션 상황에 적합한 것이 아니므로, 매체 선택을 잘못하면 메시지가 왜곡되어 결과적으로 의도한 의미가 효과적으로 전달될 수 없다.
폐쇄된 커뮤니케이션 분위기	개방되고 긍정적이며, 비 위협적인 분위기는 커뮤니케이션의 효과를 증대시킬 수 있고 그렇지 못한 분위기는 커뮤니케이션의 장애가 된다.
비윤리적인 커뮤니케이션	문서 또는 메모를 작성하는 등의 커뮤니케이션은 시간과 여러 가지 자원을 필요로 하는데 커뮤니케이션의 활동의 유익을 극대화하기 위해서는 시간과 자원이 능률적으로 동원되어야 한다.

(2) 장애 시 발생되는 현상

① 낭비 : 시간의 낭비, 금전의 손실, 비효율적인 업무 등

② 업무장애 : 내부고객 만족을 이루지 못한 데서 오는 업무장애

③ 재작업 : 재작업으로 인한 업무손실

④ 미달과 거부 : 기대 수준에 미달되는 업무상담

(3) 개선 노력

전달자의 노력	수용자의 노력
• 분명하고 적절한 언어 사용 • 수용자 입장에서 사고 • 사후 검토와 피드백 활용 • 구두와 메모의 병행 사용 • 사례를 들어 설명 • 물리적 환경을 효과적으로 활용 : (분위기, 장소, 시간을 고려함)	• 집중하여 경청함 • 수용자도 전달자의 입장이 되어 적극적으로 이해하려고 노력 • 전달내용에 대해 편견을 갖지 말고 객관적으로 수용 • 전체를 완벽하게 알고자 하는 태도 • 전달자가 전달한 메시지를 재확인

생각해 봅시다!

우리가 속한 팀(조직)에서 커뮤니케이션의 어려움이 있다면 구체적으로 어떤 이유 때문인지 생각하고 이야기 나눠 보시오.

○ 쉬어갑시다 ○

거지가 들려 준 교훈

큰 백화점 입구에 거지 한 명이 구걸하고 있었습니다.
그는 예순 살 정도의 노인이었습니다.
어깨까지 내려오는 흰머리는 헝크러져 있었으며
심지어는 지난밤 길바닥에서 누워 잤는지
잡초가 붙어 있기까지 했습니다.
그래도 그는 얼굴에 미소를 하고
두 손을 앞으로 펼치어 구걸을 하고 있었습니다.
어느 날 여섯 살 정도의 한 어린이가 거지에게 다가와
옷자락을 잡아 당겼습니다.
거지가 손을 내려다 보니 예쁜 꼬마 아이가
조그마한 손을 내밀고 있는 것이 아니겠습니까.
거지가 허리를 굽혀 그것을 받아들였습니다.
거지 손바닥에는 1유로(EURO)짜리 동전 하나가 놓여 있었습니다.
거지는 얼굴 가득히 주름을 만들어 가며 환하게 웃었습니다.
그리고는 무엇인가 주머니에서 꺼내서
돌아서려는 아이에게 쥐어 주었습니다.
아이는 기뻐서 어쩔 줄 몰라 하며
저만치서 기다리고 있는 엄마에게 아장아장 뛰어갔습니다.
그런데 아이의 엄마가 깜짝 놀랐습니다.
딸의 손에는 1유로짜리 동전 2개가 쥐어져 있었기 때문입니다.
엄마는 거지에게 다가와서 말했습니다.
"우리 아이가 드린 것도 겨우 1유로짜리 하나인데
그걸 도로 돌려 주셨더군요. 오히려 당신의 1유로를 더 보태서 말이에요.
이러면 안 될 것 같아 다시 가져 왔어요"

아이의 엄마는 동전을 그의 손에 올려놓았습니다.
그러자 거지는 그 동전을 다시 아이 엄마에게 건네며
이렇게 말했습니다.
"그건 간단하게 생각하여 주세요.
아이에게 누군가를 도우면 자신이 준 것보다
더 많은 걸 돌려받는다는 것을 가르쳐주고 싶었거든요"
동전 한 닢이 아쉬운 그였지만 해맑은 어린아이 앞에서는 어른이고 싶었던 것입니다.

- 메일로 받은 글 공유 -

5 Chapter

멤버십과 커뮤니케이션

1. 멤버십의 의미와 중요성

1) 멤버십의 의미

2) 멤버십의 중요성

2. 멤버십 개발방법

1) 개발방법

3. 멤버십과 비즈니스 회의 커뮤니케이션

1) 비즈니스 회의

2) 비즈니스 문서

3) One Page 보고서

Chapter 5

학습목표

1. 멤버십의 의미와 중요성을 인식하고 개발방법을 실천할 수 있다.
2. 비즈니스 문서작성 원리를 이해하고 보고서를 작성할 수 있다.
3. 효율적이고 생산적인 회의를 이해하고 설명할 수 있다.

1. 멤버십의 의미와 중요성

1) 멤버십의 의미

근묵자흑 근주자적(近墨者黑 近朱者赤)이란, 벗을 사귀되 바른 사람과 가까이하여 벗이 되면 바른 사람이 되지만, 바르지 못한 사람과 가까이 하게 되면 바르지 못한 사람이 된다는 고사성어이다. 이처럼 리더와 멤버는 상호 좋은 영향력을 줘야 하겠다.

리더십과 멤버십은 독립적인 관계가 아닌 상호보완적이고도 필수적인 관계이다. 어떤 리더를 만나더라도 멤버로서 해야 할 역할을 정확히 인식하는 것이 중요하며, 조직이 성공을 거두려면 상호 최고의 기량을 발휘해야 한다. 즉, 리더십을 잘 발휘하는 탁월한 리더와 멤버십을 잘 발휘하는 탁월한 멤버 둘 다 필요하다고 하겠다.

멤버십이란 조직이 구성원으로서 자격과 지위를 갖는 것으로, 훌륭한 멤버십은 팔로워십의 역할을 충실하게 잘 수행하는 것이다. 결국 멤버십과 팔로워십 같은 의미로 볼 수 있다. 팔로워십은 리더를 따르는 것으로 따르는 사람들은 헌신과 전문성, 용기, 정직하고 현명한 평가능력이 있어야 한다. 따르는 자는 융화력이 있어야 하고 겸손함이 있어야 하며, 따르는 자들이 제대로 서 있을 때 조직은 성과를 낼 수 있다. 리더에게 가장 원하는 점에 대해 미국에서 실시한 여론조사에서 정직, 비전과 강화력, 추진력인데 비하여, 팔로워에게 가장 원하는 것은 정직, 자신의 부족함을 보충해주는 포용력, 성실, 협동심 등이였다.

최근 들어 조직의 대형화와 업무의 전문화, 복잡화 속에서 리더십에만 매달리는 것이 결코 현명한 일이 아니라는 인식을 바탕으로 리더 이상 더 조직에 영향을 끼치는 요인을 찾기 위한 연구가 활발하게 진행되고 있다. 그 결과 학자들 사이에서 주목을 받게 된 것이 바로 '리더를 따르는 사람', '리더를 돕는 사람들' 이다. 리더를 좇아 업무를 하고 보좌하여 원하는 방향으로 판단을 유도하기도 하며, 때때로 반대편에 서서 리더가 잘못된 길로 들어서는 것을 바로 잡아주는 이러한 사람들을 일컬어 '팔로워(Follower)'라고 칭하고, 그러한 사람들이 공통적으로 갖고 있는 성향이나 행동방식, 사고체계 등을 포괄적으로 지칭하여 '팔로워십(Followersship)'이라고 한다.

〈표 5-1〉 팔로워십의 정의

월트만 (Wortman, 1987)	주어진 상황에서 조직의 목표 달성을 위해 리더가 의도하는 바에 따라 하급자가 개인이나 집단적 노력에 참여함으로써 개인적 목표를 획득하는 과정
살렛프 (Chaleff, 1995)	팔로워가 리더와 비전을 공유하며 리더와 조직이 성공하기를 바라면서 조직에 참여하는 과정
켈리 (Kelly, R, E, 1998)	리더와 함께 조직의 목표를 달성하기 위해 비판적인 사고와 능동적인 참여로 과업을 수행하는 과정

바누트 고메즈 (Banutu-Gomez, 2004)	독립적이고 비판적인 사고를 가지고 업무를 수행하여 창의적이고 건설적인 팔로워들의 특징을 나타낸 것
아그호 (Agho, 2009)	조직의 목표를 성취하기 위하여 상사의 노력을 지원하고 상사의 지시에 능률적이고 주도적으로 따르는 개인의 능력

위에 정리한 학자들의 다양한 팔로워십의 정리와 함께 켈리(Kelly, R, E)에 의해 제기된 팔로워십은 최근 많은 학자들과 실무자들의 관심을 끌고 있다. 켈리는 팔로워의 특성 중 첫 번째 기준은 사고요인으로 '독립 · 비판적 사고를 하느냐, 의존 · 무비판적인 사고를 하느냐'와 두 번째 기준을 행동요인으로 구성원이 일에 '적극적으로 참여하는가, 수동적으로 참여하는가'로 제시했다.

〈표 5-2〉 팔로워의 특성

독립적. 비판적 사고	적극적(참여적 행동)
현장의 이슈, 문제에 대해 상세히 파악	주인의식을 가지고 의사결정과정에 적극적으로 참여
이슈, 문제의 원인 분석과 해결을 위한 새로운 아이디어 제시	이슈, 문제해결을 위한 실행과정에 주도적으로 참여
다양한 소통 채널을 통해 자신의 의견을 표명하고, 아이디어를 공유하며 건설적 비판	목표는 꼭 달성하며 한 번 시작한 일은 끝까지 행동

2) 멤버십의 중요성

조직관리 및 리더십분야 학자이자 교수인 로버트 켈리(Kelly, R. E.)는 "조직의 성공에 있어 리더가 기여하는 것은 많게는 20% 정도이고, 그 나머지 80%는 팔로워들의 기여로 본다"고 했다. 리더십과 팔로워십을 빙산에 비유하며, 사람들의 눈에 보이는 바다 위에 모습을 드러내고 있는 빙산은 그 일부분에 불과하듯이 실제 조직의 대분은 바닷물 속에 가라앉아 보이지 않고, 리더만이 물 위로 솟아 오른 빙산처럼 모습을 드러내고 있는 경우가 있다. 바다 아래 있는 팔로워들이 어떤 역량을 발휘하게 하고 어떤 수준의 성과를 내느냐에 따라 솟아 있는 리더에 대한 평가가 결정된다. 그러나 현 시대는 조직의 운명을 리더에게만 맡겨 따라가기만 하던 시대는 지났다.

우리는 지금 20%가 아닌 80%의 팔로워가 조직의 성과와 운명을 결정하는 빙산이 거꾸로 놓여있는 시대에 살고 있기 때문이다.

조직성과 = 팔로워십 + 리더십

생각해 봅시다!

본인의 경험이나 TV, 영화, 역사 등에서 바람직한 팔로워십을 보여 주는 사례에 대해 이야기 나눠 보시오.

2. 멤버십 개발방법

리더를 살리는 팔로워십은 리더입장에서 리더가 원하는 것이 무엇인가를 진지하게 고민하는 데서 시작된다. 리더에 대해서 다소의 불만이 있더라도 왜 리더가 그러한 결정을 했는지 그럴 수밖에 없었는지 등에 대해서 한 번쯤 진지하게 고민하는 사람이다. 이것은 단순히 업무적인 측면만이 아니라, 감성적인 측면에서도 리더의 고충을 이해하고 마음으로 다가가려는 노력 또한 필요하다.

1) 개발방법

(1) 배울 점이 있다고 생각하기

리더가 가지고 있는 장점을 파악하고, 자격이 없는 인물이라는 생각이 들더라도 배울 점을 찾는 자세를 갖는 게 중요하다. 리더가 가지고 있는 단점은 자신이 리더의 입장에 있을 때 좋은 참고가 될 수 있다. 리더로서 삼가야 할 행동이나 말들을 기록해 두는 것도 좋은 방법이다.

(2) 체면 살려주기

리더에게 의견을 제시할 때 건방지다는 인상을 주지 않도록 하는 것이 중요하다. 자신이 하고 싶은 말을 기분 상하지 않도록 부드럽고 분명하게 전하는 것이다. 리더의 체면을 세워주면서도 자신이 하고 싶은 말을 분명하게 전하기 위해서는 우선적으로 자신을 낮추는 태도를 취하는 것이 선행되어야 한다.

"이 부분에서 ○○한 의문이 드는 데 어떻게 하면 되겠습니까?"라고 문의하여 리더의 자존심에 상처를 입히지 않고 한 걸음 물러서는 자세를 보이는 것이다. 리더로 하여금 자신의 의견이 받아들여지고 있다는 착각을 만드는 것도 좋다. 예를 들어 "팀장님의 말씀을 듣고 생각나서 말씀드립니다.~"로 시작하여 상사의 체면을 세운 뒤 자신의 생각을 곁들여 말하면 존중받고 있다는 생각을 하게 된다.

이때 "Yes, and then"의 화법을 사용하는 것도 좋은 방법이다.

■ **"Yes, and then"의 화법**

상대방의 의견에 긍정적인 태도를 보이고 자신의 의견을 말하는 화법

예) "전반적으로 찬성합니다. 그런데 한 가지 궁금한 점이 있는데요"

(3) 실수 인정하기

자신의 실수에 대해서 깨끗하게 인정한다. 사과를 해야 하는 경우 빠른 시간

내에 하고, 자신의 잘못을 인정하는 것이 중요하다. 자신에게 불리한 일일지라도 실수를 사실로 인정하고 깨끗하게 사과하면 오히려 성실하고 책임감 있는 인상을 남길 수 있다. 더불어 실수를 보완하기 위한 대처방안을 전달하는 것은 더욱 신뢰를 줄 수 있다.

(4) 자기 분야의 전문가 되기

업무에 대한 정보나 처리하는 능력이 뛰어나면 좋은 싫든 필요한 사람이 된다. 자신의 가치를 높여야 조직에서 또는 상사의 신뢰를 얻을 수 있다. 이를 위해서는 자신에 대한 투자를 게을리 해서는 안 된다. 무엇보다 자신이 맡은 일에 관한한 조직 내에서 최고의 전문가가 되는 게 우선이다.

(5) 최신정보 습득하기

과거 상사가 권위를 가질 수 있었던 이유 중 하나는 상위정보의 전달자의 역할을 할 수 있었기 때문이다. 그러나 현재 상황은 정보의 전달 속도와 다양한 채널을 통해 정보를 얻을 수 있게 됨에 따라 가장 빠르고 정확한 정보를 접한 사람이 부서 내에서 영향력을 갖는다.

(6) 숲을 보는 안목과 사고하기

한 차원 높은 시각과 사고방식을 가지고 접근하는 습관을 갖는다. 내 앞의 업무뿐만 아니라 전체적인 그림과 업무보고 할 때는 자신의 업무범위 내에서 일어나는 사항과 함께 그 의미까지 설명할 수 있어야 한다. 미래를 예측하고 대응하는 안목도 중요하다.

생각해 봅시다!

윗사람과의 갈등을 겪었던 경험을 공유하면서 그때 자신의 행동에 대해서 점검해 보고 같은 상황이 발생하면 어떻게 행동할지 이야기 나눠 보시오.

3. 멤버십과 비즈니스 회의 커뮤니케이션

1) 비즈니스 회의

회의는 2명 이상이 모여 각자의 생각, 의견, 정보를 자유롭게 이야기하는 과정 속에서 다양한 생각, 의견이 융합되면서 더 나은 아이디어를 만들어 가는 집단지성의 장이다. 단지 상사의 생각이나 의견을 일방적으로 지시하고 전달하는 자리가 아니라는 점을 인식해야 한다.

(1) 효율적인 회의를 위한 개선방향

① 회의 주제에 대한 철저한 준비

직장인 대상으로 설문조사 결과 가장 피하고 싶은 회의는 '결론이 나지 않고, 겉도는 회의'라고 한다. 하루 종일 각종 회의와 미팅을 했음에도 얻는 것이 없었던 경험이 많았다는 것이다. 이것은 회의 전 주제에 대한 고민이나 해결방법을 모색하지 않은 상태에서 '일정에 있으니까', '회의를 하면 그래도 뭔가 결론이 있을 것이다', '위에서 오라고 하니까'와 같은 막연한 생각으로 회의를 참석하기 때문이다. 때론 회의 참석자들은 회의 시작 바로 전이나 회의실에 들어와서야 주제에 대해 생각하거나 자료를 보고, 회의 안건에 대해 고민하기도 한다.

회의가 효과적이고 생산적인 회의가 되기 위해서는 목표를 분명히 정해 놓고,

그 목표점을 향해서 가야 한다. 철저한 회의 준비, 주제관련 자료 검토, 자기 생각을 정리, 논의하고 이슈들에 대한 검토는 반드시 필요하다. 이런 과정이 있을 때 다양한 의견제시뿐만 아니라 창의적인 아이디어도 떠오르기 마련이다.

② 회의 지상주의 탈피

모든 의사결정을 회의를 통해서 해결하려는 회의지상주의는 문제이다. 실속없이 형식적인 회의문화도 탈피해야 한다. 결정사안에 따른 회의가 아니라 중요하지 않은 사안에 대한 전 부서원들의 회의도 문제가 되기에 생산성 높은 회의를 위해서는 회의를 소집하고 안건을 선정할 때, 이슈 점검부터 해 봐야 한다.

③ 경청 시 의견 제시

회의에서 중간에 말을 자르거나, 다른 사람의 말은 무조건 무시하는 사람들이 있다. 이런 유형들은 상대방이 의견을 이야기 할 때, 앞부분만을 듣고 미루어 짐작한 것으로 상대방의 말을 끊고 자신의 생각을 쏟아내기도 한다.

반면 어떤 사람은 남의 이야기는 끝까지 잘 들어 주는 것 같으나, 자기 의견만을 관철시키는 유형이 있다. 혹시 상사가 이런 상황을 자주 발생한다면 참석자들은 자신의 의견을 이야기하고 싶어 하지 않게 되고, 결국 회의는 다양한 의견을 취합할 수 없게 된다.

시간 낭비 없는 효율적이고 생산적 회의를 위해서는 우선 상대방의 말을 끝까지 들으려고 노력하고 그에 대한 자신의 의견 또한 정확하게 전달하는 습관을 들이는 노력이 필요하다. 또한 상대방의 의도를 제대로 파악하지 못했다면 그 순간에 오해를 바로 잡기 위해 질문을 해야 한다.

④ 감정적 대립 금지

『대화의 심리학』 저자 더글라스 스톤은 '나는 옳고, 당신은 틀렸다'라는 자세를 갖고 대화에 임하는 사람들이 많을수록 생산적인 아이디어 도출이나 갈등해소는 어렵다고 했다.

즉, 회의를 통해 무언가를 얻어내고 싶어 한다면 자신과 견해가 다르다고 해서 감정적으로 대응하는 것은 금물이며, 의견 대립이 있을 때에는 상대가 왜 그렇게 생각하는지를 들어보려는 열린 자세가 필요하다.

(2) 효율적이고 생산적인 회의를 위한 진행자의 역할

회의 전	• 회의 개최 목적과 그 결과를 예상한다. * 결론을 미리 생각해 봄으로써 얻고자 하는 것을 예측 * 논쟁이 예상되는 부분에 대한 발언과 대응방안 강구 * 사전에 중재안, 절충안 등을 미리 구상 • 회의 참석 범위를 정한다. * 목적에 적합한 참석자 선택 • 회의 자료와 준비사항을 안내한다. * 회의 목적, 참석자 범위, 회의 시간, 회의장 공지 * 사전에 읽어야 할 문서나 자료를 배포하고 미리 검토시간 줌 * 회의 준비사항 공지
회의 중	• 회의 목적과 주요 쟁점을 명확히 한다. * 왜 회의를 열었는가, 무엇을 결정해야 하는가 • 회의 진행절차와 시간, 규칙을 안내한다. * 진행절차, 회의시간, 회의규칙 안내 * 각 안건별 할당시간 안내와 적절한 시간배분 (모래시계 비치) * 참석자에게 최소 1회 이상의 발언기회 부여 • 구성원의 참여와 피드백을 장려한다. * 적절한 참여 유도와 반응 피드백 유도로 활발한 교류 독려 * 동등한 발언 기회 부여 * 논쟁 시에는 논쟁사항을 메모하고, 중립적 입장 유도 * 회의목적, 주제와 관계없는 한담이 오가지 않도록 제지 • 발표자의 발언내용을 정리한다. * 발언내용 설명하거나 요약하고, 확인 • 주요사항을 기록한다. * 직접 기록 못하는 경우 서기를 임명 • 합의사항을 공지한다. * 결정된 사항을 간략하게 정리 발표하고 실행에 대한 공지

(3) 효율적이고 생산적 회의를 위한 참석자의 자세

회의 전	• 회의 목적을 정확히 안다. • 회의의 성격, 참석 범위, 참석자 등을 조사한다. • 안건에 대해 조사한다. • 회의 자료를 숙지한다. • 안건에 대한 자신의 의견, 견해를 정리해 둔다. • 예상 질문, 반론사항에 대한 답변과 자료를 준비한다. • 조직의 입장을 대변하는 경우 상사와 합의하여 입장을 조율한다.
화의 중	• 적극적으로 참여한다. * 이해가 잘되지 않는 경우에는 부연설명 부탁과 내용 기록 * 필요 시 질문을 통해 이해 여부 확인 * 반대의견에 대한 존중과 태도, 감정적 태도 지양 • 독점하지 않는다. • 기본예절을 지킨다. * 좋은 예절 - 회의 시간 준수 - 일시, 장소 확인 - 상대방의 의견 경청 - 중요한 안건이나 좋은 내용은 발언자의 이름과 함께 메모 - 순서에 맞게 논리적으로 발언 - 간단하고 정확하게 의견을 제시하고 답변 - 의견이 달라도 감정 절제 - 사회자에게 적극적으로 협력 * 좋지 못한 예절 - 다른 사람의 말을 중간에 끊기 - 감정적인 발언 - 타인에게 자신의 의견 강요 - 매 안건 부정적인 발언 - 의도적인 기분 나쁜 질문이나 반대의견
화의 후	• 회의 결과를 검토한다. * 합의사항 숙지 * 합의되고 결정되고 결정된 사항과 약속한 사항에 대한 실행 * 결정된 사항이 자신이 속해 있는 부서나 업무에 영향력 분석 * 미비점은 없는지 반성과 대비

(4) 브레인 스토밍

아이디어를 쉽게 내기 위해 창안한 일정의 집단토의 기법이다. 인원은 대략 5~8명 적당하며 다양한 배경의 참가자들을 선발하는 것이 효과적이다. 사전에 테마를 참가자들에게 공지한다.

① 브레인 스토밍 규칙

- **비판 금지** : 아이디어에 대한 비판을 금지하며, 상대방의 말을 중간에 끊지 않는다. 아이디어에 대한 평가나 조언, 충고를 하지 않는다.
- **다다익선** : 아이디어의 질보다 양을 추구한다. 아이디어의 양이 많으면 그 만큼 좋은 아이디어가 나올 수 있다는 의미이다. 사소한 아이디어부터 중요하지 않다고 생각하는 모든 아이디어를 내놓는다.
- **모방** : 타인이 내놓은 아이디어로부터 힌트를 얻어 새로운 아이디어를 내도 좋다는 것이다. 제시된 아이디어를 조합하거나 발전시켜 제시해 본다.
- **자유분방** : 고정관념을 배제하고 수용적인 분위기에서 자유롭게 생각나는 것을 말한다. 회의 테이블에서 상석을 지정하지 않아 권위를 배제하며 직책보다는 ~님으로 통일한다. 복장도 자유롭게 입어본다.

② 브레인 스토밍 종류

- Round Robin

한 사람의 팀원과 아이디어를 공유하기 위해 말을 하고, 그 다음 사람도 계속해서 같은 방법으로 아이디어를 말하는데 전원이 말한 후에야 마무리 된다.

- Bouncing Ball

한 사람이 볼을 잡고 아이디어를 낸 후, 아이디어를 가지고 있는 사람에게 볼을 던진다. 이와 같은 방법으로 계속해서 자발적으로 아이디어를 내도록 하는 것이다.

- Free Wheel

팀원들은 동시에 마음 내키는 사람들과 아이디어를 공유하며, 다른 사람들도 마찬가지로 그들의 아이디어를 공유한다. 진행자의 직접적인 아이디어 제안은 피한다. 진행자가 아이디어를 많이 낼수록 다른 구성원들의 아이디어 창출은 반감된다. 아이디어가 제시되면 의견 제시자가 사용했던 말을 최대한 사용하여 요약하며 기록 정리해 두는 것도 중요하다. 서기는 제안된 아이디어를 플립차트에 기록하며 진행자는 토의가 너무 과열되지 않도록 조정한다.

2) 비즈니스 문서

(1) 비즈니스 문서의 역할

- 조직의 중요한 정보와 의사전달을 공유
- 경영관리나 조직의 결과 보존과 증빙
- 장래에 발생 가능한 책임의 명확화
- 정보공유, 아이디어 보완과 수정에 관련한 피드백 제공
- 의사결정 지원

(2) 비즈니스 문서의 특성

비즈니스 문서는 논리적이며 체계성, 정확성, 간결성이 요구된다. 주관적 판단은 될 수 있으면 배제하고, 지식과 정보, 자료를 명확하고 깔끔하게 전달하는 것이 필요하다.

〈표 5-3〉 문학적인 글과 비즈니스 문서의 차이

문학적 글	비즈니스 문서
• 피보고자가 없다. • 주관적이며 정서적이다. • 은유, 비유 등의 묘사가 자유롭다.	• 피보고자가 있다. • 객관적, 논리적이다. • 직접적이고 현실적인 문체이다.

문학적 글	비즈니스 문서
• 불특정 다수의 독자이다. • 정확하고 명확한 메시지는 아니다. • 의미를 과장, 함축이 가능하다. • 장문의 글도 허용한다. • 미괄식의 경우가 많다. • 생각, 감정의 표현과 공유가 목적이다.	• 이해관계자가 있다. • 명확한 결론, 메시지, 근거가 있어야 한다. • 2가지 이상의 해석을 허용하지 않는다. • 단문이 많다. • 두괄식의 문장이 많다. • 상대를 설득하여 의사결정과 특정행동에 목적이 있다.

(3) 비즈니스 문서의 종류

- **기안서** : 결재권자의 승인을 구하기 위해서 실행과정, 내용 및 기대효과 등을 기록하여 결재를 올릴 때 작성한다(품위서라고도 한다).
- **협조문** : 수평 부서 간의 업무 협조 요청 시 사용한다.
- **시행문** : 결재를 득한 안건의 실행을 명령, 공지하는 공문을 말한다.
- **기획(보고)서** : 특정 프로젝트나 실행계획에 대한 정보공유 및 설득을 주요 목적으로 하는 비즈니스 문서이다. 기획서는 경영계획이나 신시장 개척, 신상품 개발을 위한 업무기획서 및 각종 이벤트 실행을 위한 행사기획서가 있다.
- **보고서** : 발생한 업무과정 또는 결과에 관하여 상세히 보고하는 서류이다.

(4) 비즈니스 문서 작성 원리

① 상대방 중심

- 제안요청서(Request for proposal)를 분석하여 객관적이고 논리적인 자료를 준비하며, 기획 실행에 영향을 미치는 의사결정자와 이해 관계자들이 "무엇을 원하는지, 무엇을 회피하고자 하는지"를 파악하고 그들의 니즈에 적합하도록 작성한다.
- 제안요청서를 통해 목적과 목표, 기획의 실시 기간 및 예산, 제출기한, 반드시 해야 할 항목, 절대로 해서는 안 되는 항목들을 파악한다.

- 요청사항을 제대로 파악하기 위해서는 제안 요청하는 쪽의 말을 경청하고, 메모를 통해 빠지는 부분이 없도록 하며, 질문을 통해 확인한다.

② 결론과 근거

기획(보고)서에는 기획 의도자의 욕구를 충족시킬 수 있는 명확한 결론(주장, 제안, 방법)이 제시되어야 한다. 또는 결론과 근거 사이의 일관성을 유지하며, 타당성을 증명하는 객관적인 근거자료가 함께 제시되어야 한다. 일관성을 유지하는 구체적인 기법으로 'So what/Why so?'의 프레임을 참고한다.

③ 체계적 구성

기획 목표를 달성하기 위해 수행해야 할 세부내용을 중복과 누락없이 체계적으로 구성한다.

④ 우선순위

새로운 기획안은 기존의 방식이나 내용에 차별성이 있어야 하며, 중요성에 따른 우선순위를 고려하여 배열한다. 많은 내용을 제시하기보다는 핵심적인 내용을 중심으로 5개 이내로 제안한다.

⑤ 이미지 효과

사람들은 문자나 숫자로 된 정보보다는 도형이나 이미지로 된 정보를 더 쉽게 이해하며 오래 기억한다. 주요 내용은 그림이나 도형, 차트를 활용하여 이미지화한다. 내용과 관련 있는 그림을 활용하여 이해를 돕고, 중요한 수치자료는 그래프화한다.

⑥ 체크포인트

체크포인트	체크
1. 정확히 무엇을 하려는 것인가? 달성하고자 하는 바가 무엇인지 한마디로 요약해 본다.	
2. 핵심 사항이 무엇인가? 기존의 것과 차별화되고 참신하며 더 나은 점이 무엇인지 답해 본다.	
3. 논리적으로 타당한가? 결론과 주장은 사실, 자료, 사례와 같은 객관적 근거가 있는지 답한다.	
4. 틀린 곳은 없는가?	
5. 흐름이 자연스러운가?	
6. 빠진 것은 없는가?	
7. 불필요한 것은 없는가? 중복되거나 불필요한 문장이나 단어를 삭제하여 간결한가 점검한다.	

3) One Page 보고서

여유 없이 시간에 민감하고 바쁜 의사결정이 필요할 때에 1Page 보고서는 빨리 읽힐 뿐 아니라 결정을 내리는 데 필요한 결정적인 자료들이 모두 들어 있는 비즈니스 문서이다. 1Page의 압축은 프로젝트에 대한 스스로의 이해증진에도 중요하다. 필요한 경우 완벽하고 간략한 구술을 할 수 있게 해 줄 뿐 아니라 훌륭한 의사 전달자로서 자신을 훈련시킬 수 있다.

(1) One Page 보고서 작성절차

① 기초 자료를 2~3회 읽고 초안을 작성한다.

- 기초 자료 등의 목차를 확인하고 대충 넘기며 어떤 테마와 내용을 다루고 있는지 파악한다.

- 기초자료를 정독하며 중요내용을 체크한다.
- 작성할 보고서의 전개순서를 구상한다.
- 체크한 중요내용을 입력한다. 이때 기초자료의 전개순서를 따르지 않고 본인이 구상한 전개순서에 따라 작성한다.

② 테마 별로 초안 내용을 재구성하며 내용을 축약하여 1차 보고서를 작성한다.

- 보고서의 전개순서에 따라 내용을 재배치한다.
- 중요성이 떨어지는 내용이나 중복된 내용을 제거하며, 문장과 용어를 깔끔하게 수정, 보완한다.
- 초안의 1/2~1/3 정도의 분량으로 내용을 축약하여 1차 보고서를 작성한다.

③ 보고서의 목적, 테마별 내용, 결론, 건의사항이 포함된 2차 보고서를 작성한다.

- 1차 보고서를 토대로 보고서의 목적이나 결론, 건의사항 등을 구상한다.
- 기초자료 내용 중 오래된 데이터나 사례, 의견은 업데이트 하거나 제외하며, 인용 자료의 출처를 명확히 밝힌다.
- 구조화 원리를 적용하여 내용을 논리적으로 재배치한다.
  - 거시적 내용을 먼저 제시하고 미시적 내용을 나중에 배치한다.
  - 중요한 내용을 먼저 제시하고 사소한 내용을 나중에 배치한다.
  - 1차 보고서를 1/2~1/3 정도의 분량으로 축약하여 2차 보고서를 작성한다. 이때 전개순서를 수정하기도 한다.

④ 보고서를 완성한다.

- 보고서 받을 사람의 스타일을 고려하여 문장, 간격, 폰트, 글자체를 결정한다.
- 2차 보고서 제제에 따라 내용을 1Page로 요약 정리한다.
- 알아두면 좋은 내용과 중요한 내용을 구분한다.

- 내용을 줄인다.
  - 상대방, 상사의 수준에서 알아야 할 필요성이 있는가?
  - 구체적인가? 사실, 데이터, 사례, 전문가 의견으로 증명할 수 있는가?
  - 현실적인가? 너무 당연하고 일반적이거나 뜬 구름 잡는 내용은 아닌가?
  - 중간관리자나 선배, 동료의 의견을 구한다.
- 보고서의 목적과 핵심 메시지, 주요내용, 결론 및 건의사항이 일관성을 유지하는지 검토한다.
- 의사결정자의 제안요청서에 적합한지 자문하고 답해 본다.

생각해 봅시다!

신문 사설을 1개 선정하여 그 내용을 읽고 1/3로 축약하고, 핵심 내용을 3개의 문장 이내로 정리하시오.

○ 쉬어갑시다 ○

구설(口舌)

집 채만 한 울음이 와르르 쏟아 진다
바람 거친 여남 방파제, 간단없는 저 봉두난발
마을을 삼켜버릴 기세다

얇은 귀와 가벼운 입은
너울 쓴 얼굴들과 어울려 물 폭죽을 터트리고
조난당한 표정들은
다시 돌아오지 않을 먼 뱃고동 소리처럼
파문을 몰고 떠났다

척추를 세우고 죽은 소리의 뼈들
먹고 먹히는 사투를 건너 소금바람 흐느끼는 아수라장
마땅한 죄도 없이 다리가 후들거린다

우쭐우쭐 맞물리고 엇갈리는 파문은
고립무원이 되고서야 겨우 잠에 들고
무표정이 파도의 무게를 덜어내지만
파열음에 긁힌 마음은 좀체 아물지 않았다

- 유진, 시 '구설(口舌)'

폭죽 같은, 파문 같은 말.
그만큼 말의 위력이 세다는 것이지요.
힘이 되는 말이 있고
다리를 후들거리게 만드는 무서운 말이 있습니다.
이 더위에 서로 상처받지 않게 조심해야할 말입니다.

- 2018년 8월 14일 사색의 향기에서

6 Chapter

성격 유형별 인간관계(1)

1. 성격 이해의 목적
2. 행동의 기원과 유형
3. 조하리의 창(마음의 창)

1. 성격 이해의 목적

1) 성격의 형성

2) 성격의 구성요인

2. 행동의 기원과 유형

1) 행동의 기원

2) 행동 유형의 특징

3. 조하리의 창(마음의 창)

1) 조하리 창의 이해

2) 조하리 창의 특성

Chapter 6

학습목표

1. 인간관계에서 자기이해의 필요성을 설명할 수 있다.
2. 다르다와 틀리다의 의미를 설명할 수 있다.
3. 조하리의 창을 이해하고 설명할 수 있다.

1. 성격 이해의 목적

사람과 사람들 사이의 관계를 기본으로 하는 현대사회에서는 상대방의 마음을 읽고 이해하는 방법에 대한 관심이 날로 증대되고 있다. 가족, 동료, 후배와 상사와의 인간관계에서 갈등으로 가득 차 있다면 업무에서 뿐만 아니라 개인의 행복도 느끼기 힘들 것이다.

이렇듯 인간관계는 모든 일의 성공을 가늠하는 중요한 요소가 되어 가고 있다. 물론 인간관계에 수학 공식처럼 정답이 있는 것은 아니다. 그러나 다양한 시도와 접근, 갈등구조를 해석하려는 노력들을 통해 한 걸음씩 인간관계에 관한 이해의 폭을 넓혀 갈 수는 있을 것이다. 인간은 다른 사람과의 다양한 관계 속에서 살아가며, 상호작용 관계와 커뮤니케이션을 통해, 두 사람 이상의 사람들 사이에서 언어 · 비언어 등의 소통수단을 통해 감정, 생각, 느낌과 사실, 정보, 의견을 전달하고 피드백을 받는 과정을 겪게 된다. 그러기 위해서는 유형별 성격의 특징을 이해하고 유형에 맞는 대처와 소통의 응대를 한다면 좀 더 바람직한 관계형성이 가능할 것이다. 이러한 상호작용을 이해하고 활용하는 것은 인간의 삶에서 행복과 성공을 결정하는 중요한 역량이다.

1) 성격의 형성

바람직하고 개성 있는 성격을 갖는 것은 모든 인간의 바람이다. 어떤 사람은 성격을 결정하는 지배적인 요인을 유전이라고 하며, 어떤 이는 사는 지역의 풍토나 기후, 심지어 어떤 이는 먹는 음식이 성격을 결정하는 지배적 요인이라고 한다.

학문적으로 퍼스낼리티를 형성하는 요인(derterminants)에 대해 초기에는 유전적 요인인가, 환경적인 요인인가에 초점이 맞춰졌다. 그러나 이후 연구를 통해 두 가지 요인 중 어느 하나가 아닌 유전적 요인과 환경적 요인 두 가지 모두 동시에 영향을 받는다는 결론을 내렸다. 우리가 흔히 사용하는 '그 아비의 그 아들'이라든가 '씨도둑은 못 한다.'는 말은 유전적인 영향을 지적한 말이며 '맹모삼천지교(孟母三遷之教)'라는 말은 환경적 요인을 지적한 말이다.

성격 형성에는 유전적 요인(heredity)과 환경적 요인(environmental factor)이 모두 영향을 주고 있다. 이에 유전적 요인은 부모로부터 물려받는 것이지만 환경적 요인은 가정, 친구, 문화, 집단 등의 세계에서 경험하고 체득하는 여건이 조직을 형성할 때 여러 가지 관계가 이루어지는데, 이러한 조직 내 사람과 사람 사이의 관계를 인간관계라 하며, 조직의 목적을 달성하기 위해 서로 협력하는 관계라고 할 수 있다. 좋은 인간관계는 조직구성원들이 조직에서의 성공 및 조직의 효율성을 통한 조직의 생산성을 향상시키는 원동력이 된다.

2) 성격의 구성요인

(1) 외향성과 내향성

심리학자 융(Jung)은 외향성(extroversion)과 내향성(intro-version)이라는 두 가지 성향적 특성을 제시하였다. 외향성의 특성을 지닌 사람은 내향성의 특성을 지닌 사람보다 상대적으로 사교적이며 자기주장이 강하고 외부 지향적인 성향을 지닌다. 따라서 외향성의 성격을 지닌 사람은 단순하고 반복적인 업무에 잘 적응하지 못하므로 다양성과 예측 불가능한 환경의 자극이 필요하다. 반면에 내향성의 퍼스낼리티를 지닌 사람은 안정적이고 반복적이며 예측 가능한 환경을 제공하는 업무가 알맞다고 하겠다.

(2) A형과 B형

심장 병리학자 프리드만(Friedman)은 성격 특성의 유형을 'A형'과 'B형'으로 구분하였다. A형의 특성은 일에 있어 성급하며 타인에게 경쟁적이며 공격적이다. 또한 한꺼번에 여러 가지 일을 수행하거나 계획하며 성취욕구가 높다. 항상 시간에 쫓기고 여가를 즐기지 못한다. 하지만 B형은 이와 대조되는 특성을 지닌다.

(3) 내재론자와 외재론자

'특정한 결과에 대해 자신이 얼마나 직접적인 영향을 미칠 수 있는가'에 대한 믿음의 정도를 '통제의 위치(locus of control)'라고 한다. 통제의 위치에 따라 어떤 결과가 자기에 의해 통제될 수 있으므로 운명을 스스로 결정할 수 있다고 믿는 자를 내재론자(internals), 그와 반대로 외부의 영향력에 의해 결정된다고 믿는 자를 외재론자(externals)라고 한다. 많은 실증적 연구를 종합해 보면 일반적으로 내재론자가 외재론자보다 높은 동기부여와 성취 욕구를 가지며 외재론자보다 성공의 확률이 높다고 한다.

이외에 권위주의적 성향과 성취지향성 성향, 위험감수자와 위험회피자 등이 성격 구성요인으로 꼽히고 있다.

성격 특성에서 명심해야 할 점은 첫 번째, 어느 누구도 극단적인 성격의 특성을 지니고 있지는 않다는 것이다. 또한 어떤 성격이 바람직한가에 대한 판단 역시 주어진 환경에 따라 달라질 수 있음을 인지해야 한다. A형이 B형보다 과업 수행이 뛰어나다 해도 인간관계에 있어 성급함과 공격적인 성향으로 팀워크를 깰 수 있다. 그러므로 독립적인 일을 할 때는 A형의 특성이 효과적이나, 팀의 구성원이 되어야 하는 과업의 경우 B형의 특성이 더 바람직할 수 있다.

두 번째 강조하는 점은 모든 사람이 개별적이며 서로 다른 성격 특성을 가지고 있다는 것이지, 다르다고 해서 틀린 것은 아니라는 점을 명심해야 한다.

2. 행동의 기원과 유형

1) 행동의 기원

사람은 태어나 성장하면서 각기 다른 동기와 환경적 배경에 의해 나름대로 일정한 방식으로 행동을 취하게 된다. 그것이 자신만의 '성향'으로 자신의 삶 속에 자연스럽게 녹아들게 된다. 이것을 사람들 각각의 '행동패턴' 또는 '행동 스타일'이라고 한다.

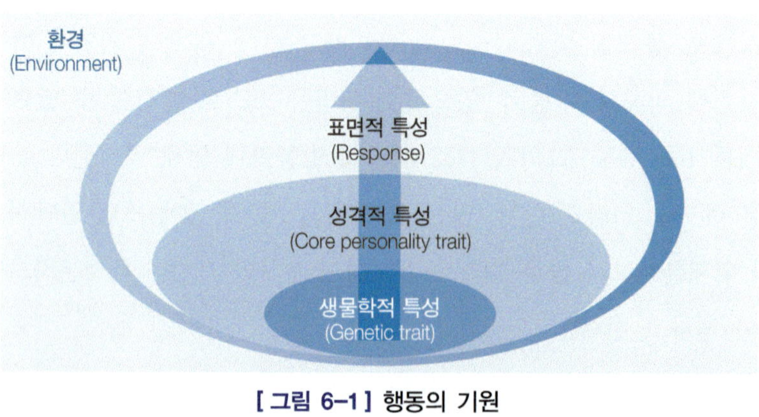

[그림 6-1] 행동의 기원

2) 행동 유형의 특징

대부분의 인간은 다음과 같은 행동 유형을 가지고 있다.

- 사람들은 서로 다른 행동의 경향성을 가지고 있다.
- 우리는 모두 각자 다른 방식으로 사람들을 본다.
- 사람들 간의 차이는 나쁜 것도 좋은 것도 아니다. 단지 다를 뿐이다.
- 우리는 객관적으로 사람을 보아야 한다. 다른 사람과의 행동유형의 차이에 대한 선입견을 가져서는 안 된다.
- 우리는 사람과의 관계에서 어떤 행동은 편안하게 느끼고, 어떤 행동은 불편하게 느낀다.
- 관계에서의 불편함은 긴장을 야기한다.

생각해 봅시다!

주변 사람들과의 관계에서 나와 다른 행동의 경향성 때문에 불편하거나 어려웠던 점을 생각해 보고 이야기 나눠 보시오.
(예 : 음식, 패션, 환경 등)

3. 조하리의 창(마음의 창)

1) 조하리 창의 이해

조하리의 창(Johari's window)은 조셉 루프트(Joseph Luft)와 해리 잉햄(Harry Ingham)이라는 두 심리학자에 의해서 독창적으로 개발된 개념으로 '마음의 창' 또는 '마음의 4가지 창'이라고 하며 자아 개방에 큰 틀을 제공하고 있다. 아래 그림에서 나타난 바와 같이 조하리의 창은 자기 공개와 피드백의 특성을 보여 주는 네 가지 영역으로 구분되며, 그 네 가지 영역은 다음과 같다.

- 개방된 공개적 영역(Public)
- 깨닫지 못하는 맹목적 영역(Blind)
- 숨겨진 영역(Hidden)
- 아무도 모르는 미지의 영역(Unknown)

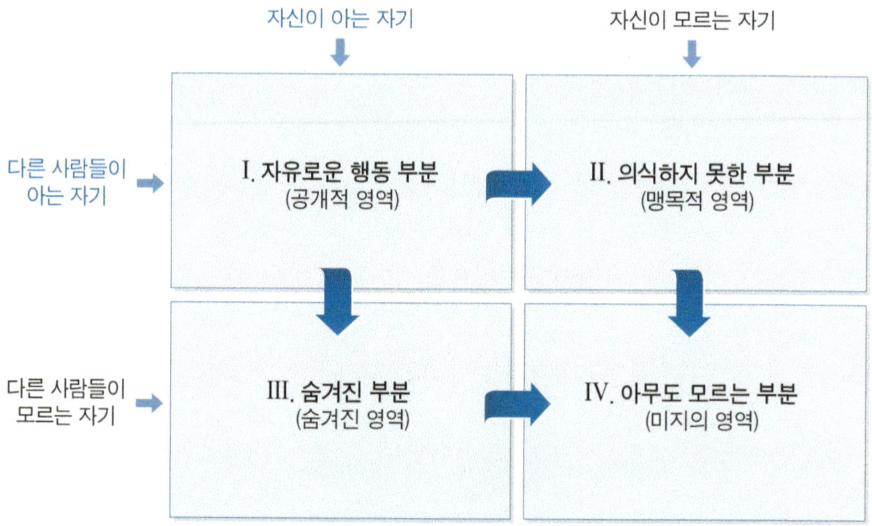

[그림 6-2] 조하리의 창

첫 번째, 공개적 영역은 내 자신에 대해 내가 아는 동시에 타인이 알고 있다. 이 영역에서는 개인에 관한 정보가 자신이나 타인에게 공개적으로 개방되어 있다.

두 번째, 맹목적 영역은 나에게 알려져 있지 않으나 상대방에게 알려져 있는 영역을 의미한다. 이른바 맹점에 대해 이야기하는 것이다. 대부분의 사람들은 이상한 행동습관, 특이한 말버릇, 독특한 성격과 같이 '남들은 알고 있지만 자신은 모르는 자신만의 모습'이 있는데, 이를 맹목적 영역이라 한다.

세 번째, 숨겨진 영역은 나 자신은 알고 있으나 다른 사람들은 모르는 영역이다. 자신의 약점이나 비밀처럼 다른 사람들에게 숨기는 나의 부분을 의미한다. 이 부분에 대한 정보는 개인 스스로 알리려 하지도 않으며, 오히려 다른 사람들이 알지 못하도록 의도적으로 숨기기도 한다. 이 부분을 노출하게 된다면 다른 사람들이 자신을 싫어하지는 않을까 두려워하기 때문에 정보 노출을 꺼린다. 때문에 숨겨진 영역은 대인관계를 저해하는 요인이 될 수도 있다.

네 번째, 미지의 영역은 나 자신에 대해 자신이나 타인 모두가 모르는 상태로서 누구에게도 알려지지 않은 부분이다. 심층적이고 무의식의 정신세계처럼 우리 자신에게 알려져 있지 않은 부분이 바로 이 미지의 영역이다. 때문에 이러한 부분은 자신의 행동과 정신세계에 대한 지속적인 관심과 관찰을 통해서만 자신에게 발견될 수 있다.

2) 조하리 창의 특성

일반적으로 사람마다 마음의 창의 모양이 다르다. 또한 개인이 대인관계에서 나타내는 자기 공개와 피드백의 정도에 따라 마음의 창을 구성하는 네 가지 영역의 넓이가 달라지게 된다.

첫째, 남도 알고 자신도 알고 있는 공개적 영역이 넓은 개방형의 사람은 적절하게 자기표현을 잘할 뿐만 아니라 다른 사람의 말도 잘 경청할 줄 아는 사람들로서 다른 사람에게 호감과 친밀감을 주어 인기가 있는 유형이다.

개방형의 사람은 대단히 원만한 대인관계를 갖고 있다. 다른 사람에게 관심을 가지기도 하며 자신의 의견이나 주장을 솔직하게 표현하는 유형이다. 대인관계에서는 이러한 유형이 바람직하다.

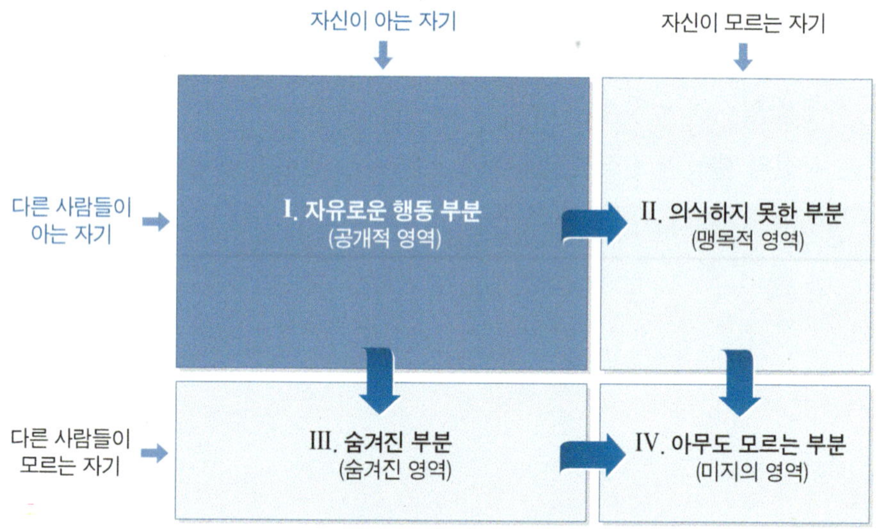

[그림 6-3] 공개적 영역

둘째, 맹목적 영역이 넓은 사람은 남은 잘 알고 있으나 자신은 알지 못하는 영역이 넓은 사람으로 자신의 기분이나 의견을 잘 표현하며 자신감이 충만한 솔직하고 시원시원한 사람이다. 다른 사람의 말을 듣기보다는 자기가 말하는 것을 좋아한다. 다른 사람을 무시하는 독단적인 경향이 많아 상대방에게 독선적으로 비춰지기도 한다. 다른 사람이 볼 때는 술에 취했는데 자신은 전혀 취하지 않았다고 주장하는 것이 이러한 맹목적 영역이 넓은 사람들의 대표적인 행동 경향이다. 자기 주장형은 말이 많거나 독단적인 사람이므로 자신의 말을 줄이고 상대방의 말에 관심을 갖고 귀 기울이는 태도를 가지는 것이 바람직하다.

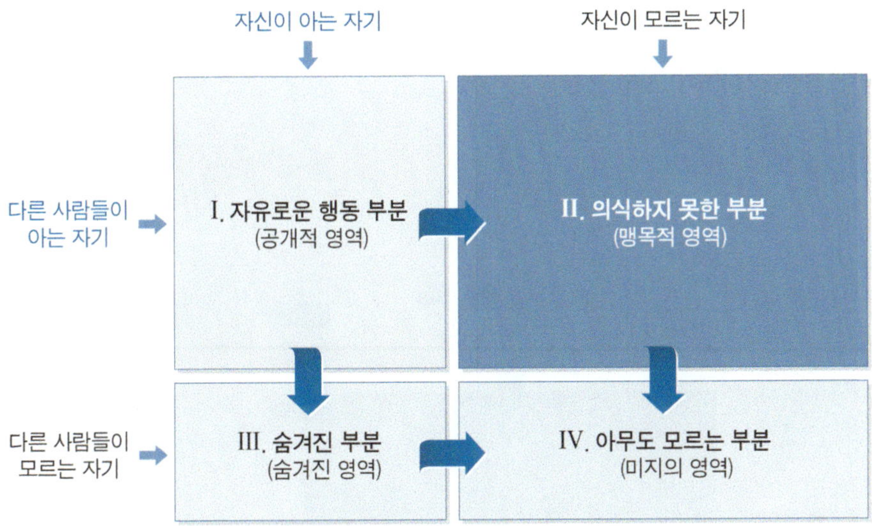

[그림 6-4] 맹목적 영역

셋째, 숨겨진 영역이 가장 넓은 사람은 자신은 잘 알고 있으나 남에게 숨겨진 부분이 대단히 넓다. 또한 다른 사람에 대해서 수용적이며 속이 깊고 신중한 사람들이다. 말하기보다는 듣기를 좋아하며 매사에 비밀이 많아서 다른 사람이 접근하기 어려우며, 또한 다른 사람의 이야기는 잘 경청하지만 자신의 이야기는 잘 하지 않는 유형이다. 이들 중에는 자신의 속마음을 잘 드러내지 않은 사람이 많으며 계산적이고 실리적인 경향이 두드러진다. 이런 사람은 잘 적응하지만 내면적으로 고독감을 느끼는 경우가 많으며 현대인에게 가장 많은 유형으로 알려져 있다. 보다 솔직하고 확실하게 자신의 의견이나 주장을 내세우도록 노력해야 한다. 상대방에 대한 관심이나 경청은 많지만 자기표현이나 자기 개방을 잘 하지 않는 타입이므로 앞으로는 자신을 솔직히 드러내거나 자신의 의견 및 주장을 활발하게 펴는 노력이 필요하다.

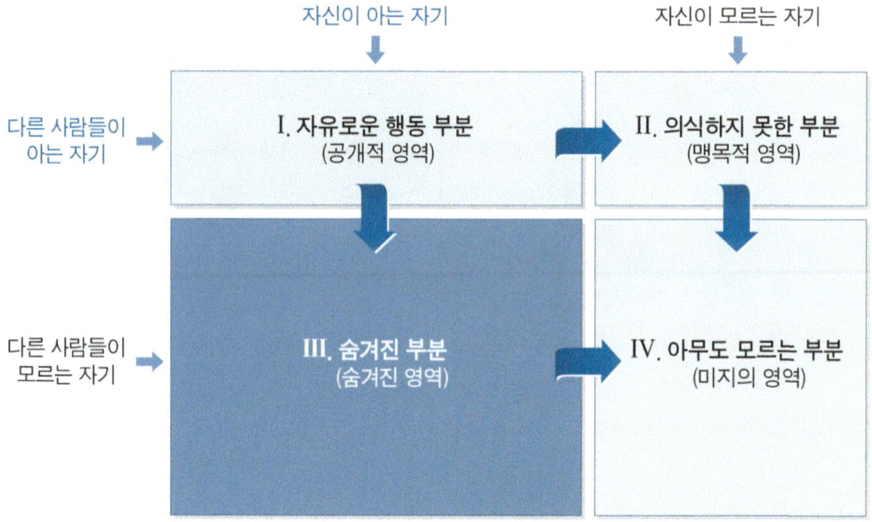

[그림 6-5] 숨겨진 영역

넷째, 미지의 영역이 가장 넓은 사람은 자신과 남이 알 수 있는 영역이 대단히 좁다. 미지의 영역이 넓어서 고립되기 쉽고 매사 소극적으로 보이는 유형이다. 다른 사람과 접촉하는 것을 불편해 하거나 무관심하여 고립된 생활을 하는 경우가 많다. 이런 유형 중에는 고집이 세고 주관이 지나치게 강한 사람도 있으나 대체로 심리적인 고민이 많으며 부적응적 삶을 살아가는 사람들도 많다. 이런 사람은 대인관계에서 좀 더 적극적이고 긍정적인 태도를 가질 필요가 있다. 자신의 의견이나 주장을 솔직하게 표현하고 다른 사람에게 관심을 갖도록 노력해야 한다. 자기표현이나 상대방에 대한 관심을 많이 기울여야 한다. 인간관계의 개선을 위해서는 일반적으로 미지의 영역을 줄이고 공개적인 영역을 넓히는 것이 바람직하다.

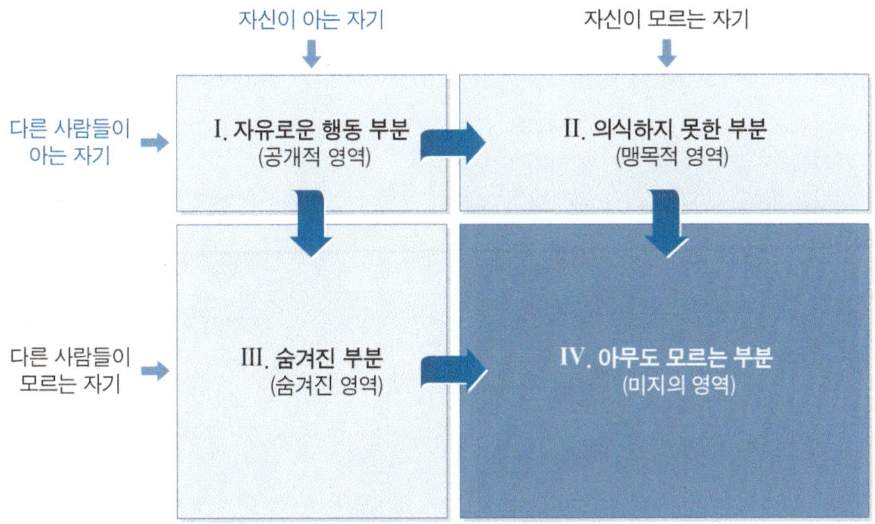

[그림 6-6] 미지의 영역

생각해 봅시다!

조하리의 '마음의 4가지 창'에서 공개적 영역, 맹목적 영역, 숨겨진 영역, 미지의 영역 각각에 대해 본인 스스로가 생각하는 특성에 대해 생각해 보시오.

○ 쉬어갑시다 ○

내가 침묵하면 생각이 깊은 것이고
남이 침묵하면 생각이 없는 것이고

내가 생각한 아이디어는 창조적이고
남이 생각한 아이디어는 뜬 구름 잡는 소리고

내가 화를 내면 소신이 뚜렷한 것이고
남이 화를 내면 그릇이 모자란 것이고

내가 통화 중이면 업무상 긴급한 것이고
남이 통화 중이면 사적인 일인 것이고

내가 자리를 비운 것은 바쁘게 일하기 때문이고
남이 자리를 비운 것은 어디서 또 노는 것이고

내가 회의 중이면 남은 잠깐 기다려야 하고
남이 회의 중이면 나는 즉시 만나야 하고

내가 상을 받으면 당연한 것이고
남이 상을 받으면 운이 좋은 것이고

내가 아프면 일 때문이니까 쉬어야 하고
남이 아프면 기본체력이 의심스러운 거다.

7 Chapter

성격 유형별 인간관계(2)

1. 나의 모습 찾기
2. 유형 체험을 통한 장단점 파악
3. 반대적 성향을 개발하는 방법

1. 나의 모습 찾기

1) 나의 모습 찾기

2. 유형 체험을 통한 장단점 파악

1) 네 가지 행동 유형의 장점

2) 네 가지 행동 유형의 단점

3. 반대적 성향을 개발하는 방법

1) 유형별 발전 전략

Chapter 7

성격 유형별 인간관계(2)

학습목표

1. 자신의 유형을 체험하고, 파악할 수 있다
2. 유형별 성격의 장단점을 이해하고 설명할 수 있다.
3. 자기 개선을 통해 좀 더 바람직한 인간관계로 발전시킬 수 있다.

1. 나의 모습 찾기

1) 나의 모습 찾기

손자병법(孫子兵法) 모공편(謀攻篇)에 '지피지기(知彼知己)면 백전불태(百戰不殆)', 즉 상대를 알고 나를 알면 백번 싸워도 위태롭지 않다는 뜻이다. 이처럼 일과 인간관계를 비롯한 성공적인 사회생활을 위해서는 자신과 상대방의 유형을 파악하는 것이 우선되어야 한다. 하지만 자기 자신을 알기도 힘들고 상대방을 알기도 어려우니 원만한 대인관계를 맺고 유지하기가 어려운 것은 주지의 사실이다. 그렇다면 나는 어떤 유형에 속할까? 상대방은 어떤 유형인가를 진단해 보자.

진단 시 유의사항

- 차이는 다를 뿐이지 틀린 게 아니다.
- 심리적 선호를 선택한다.
  - 더 지속적이고 일관성 있게 활용하는 것으로
  - 선택적으로 더 자주 더 많이 쓰는 것으로
  - 선택적으로 더 좋아하는 것으로
  - 상대적으로 편하고 쉬운 것으로
  - 상대적으로 더 쉽게 끌리는 것으로

〈표 7-1〉 외향(External)과 내향(Internal)의 차이

외향(E)	내향(I)
• 주의집중 - 자기 외부	• 주의집중 - 자기 내부
• 외부 활동과 적극성	• 내부 활동과 집중력
• 폭넓은 인간관계	• 깊이 있는 인간관계
• 다수	• 소수
• 말로 표현	• 글로 표현
• 소모에 의한 에너지 충전	• 비축에 의한 에너지 충전
• 사교성	• 자기 공간
• 인사	• 사람들의 이름과 얼굴을 기억 못함
• 여러 사람과 동시 대화	• 1 : 1의 대화
• 정열적, 활동적	• 조용하고 신중
• 경험한 후 이해	• 이해한 후 경험
• 쉽게 알려짐	• 서서히 알려짐

〈표 7-2〉 사고(Thinking)와 감정(Feeling)의 차이점

사고(T)	감정(F)
• 관심의 주제 – 진실, 사실	• 관심의 주제 – 사람, 관계
• 객관적 진실	• 보편적인 선
• 원리와 원칙	• 의미와 영향
• 논리적	• 상황적
• 분석적	• 포괄적
• 간단명료한 설명	• 정상을 참조한 설명
• 지적 논평	• 우호적 협조
• 객관적 판단	• 주관적 판단
• 원인과 결과	• 상황적
• 맞다, 틀리다	• 좋다, 나쁘다
• 규범, 기준 중시	• 나에게 주는 의미 중시

(1) 나는 누구일까요?(1)

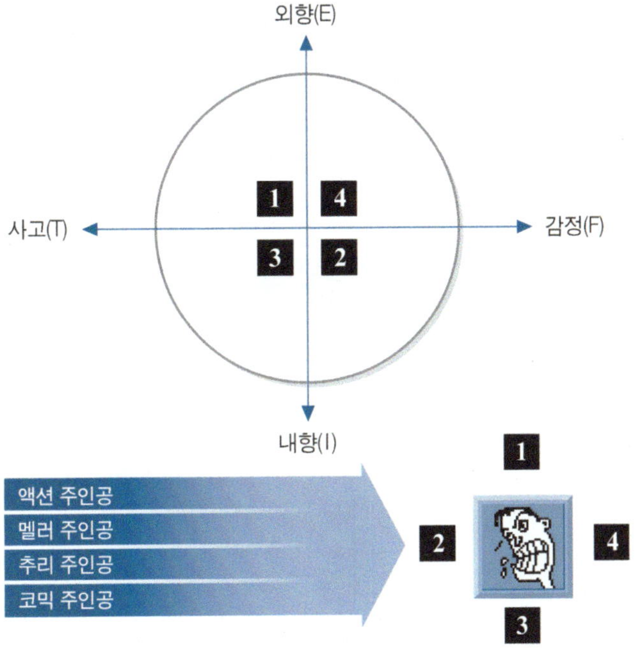

[그림 7-1] 나는 누구일까요?

(2) 나는 누구일까요?(2)

각 항목에서 주어진 단어를 잘 읽고 자신에게 해당되는 점수에 ○표를 하라. 당신을 가장 정확하게 묘사한다고 생각하는 것에는 '5점'을, 전혀 그렇지 않다고 생각하는 것에는 '1점'을 주면 된다.

〈표 7-3〉 나는 누구일까요?

항목 1	사교적인	이성적인	인정 많은	주도적인
	1 2 3 4 5	1 2 3 4 5	1 2 3 4 5	1 2 3 4 5
항목 2	외향적인	체계적인	배려하는	자기주장이 강한
	1 2 3 4 5	1 2 3 4 5	1 2 3 4 5	1 2 3 4 5
항목 3	유머스러운	논리적인	양보심이 강한	거침없는
	1 2 3 4 5	1 2 3 4 5	1 2 3 4 5	1 2 3 4 5
항목 4	활달한	치밀한	친절한	대담한
	1 2 3 4 5	1 2 3 4 5	1 2 3 4 5	1 2 3 4 5
항목 5	낙천적인	분석적인	헌신적인	도전적인
	1 2 3 4 5	1 2 3 4 5	1 2 3 4 5	1 2 3 4 5

* 주의점 : 같은 항목에서는 동점이 나올 수 없다. 즉, 순차적인 점수가 나와야 한다.

예)

항목 1	사교적인	이성적인	인정 많은	주도적인
	1 2 3 4 ⑤	1 2 ③ 4 5	1 2 3 ④ 5	1 ② 3 4 5

■ 점수 계산하는 법

나는 '누구일까요?(2)'에 점수를 표시하여 세로로 더한 점수가 가장 높은 것이 자신이 속한 유형이다.

- 주도적인, 자기 주장이 강한, 거침없는, 대담한, 도전적인 **액션형의 성격**
- 이성적인, 체계적인, 논리적인, 치밀한, 분석적인 **미스테리형 성격**
- 인정 많은, 배려하는, 양보심이 강한, 친절한, 헌신적인 **멜러드라마형 성격**
- 사교적인, 외향적인, 유머스러운, 활달한, 낙천적인 **코믹형의 성격**

생각해 봅시다!

본인이 생각할 때 본인과 다른 사람들의 유형을 추측하고 이야기 나눠 보시오.

2. 유형 체험을 통한 장단점 파악

생각해 봅시다!

1. 내가 좋아하는 사람과 싫어하는 사람의 성격 특징은 무엇입니까?
2. 인간관계 시 자기 성격의 장점과 단점은 무엇입니까?

1) 네 가지 행동 유형의 장점

액션형

- 활동적이고 도전 의식이 강하다.
- 박력 있어 보이고 자기주장적이다.
- 행동에 옮기는 것이 쉽다.
- 신속 분명하다.

코믹형

- 재치와 유머가 넘쳐 많은 사람에게 웃음을 준다.
- 세련되고 화려하며 자기의 개성을 잘 살린다.
- 융통성이 많고 개방적이다.
- 새로운 변화를 추구한다.

미스테리형

- 정확하게 계산하고 점검한다.
- 쉽게 흥분하지 않고 침착하다.
- 논리적이고 분석적이다.
- 인내심과 집중력이 강하다.

멜러형

- 타인에 대한 배려가 깊다.
- 협조와 지원을 잘한다.
- 친근감 있게 대응한다.
- 책임감을 가지고 성실하게 행동하려 한다.

2) 네 가지 행동 유형의 단점

액션형

- 거칠게 행동할 수 있다.
- 강제적이고 독재적으로 행동할 수 있다.
- 타인의 허락 없이 주관대로 행동할 수 있다.
- 타인에 대한 배려가 없을 수 있다.

코믹형

- 분위기나 사람에게 지나치게 동조한다.
- 장소에 어울리지 않고 너무 튈 수 있다.
- 일관성이 없고 변덕이 심한 것으로 보일 수 있다.
- 한 가지 일을 오래하지 못한다.

미스테리형

- 지나치게 따지는 것으로 보인다.
- 무표정하여 때로는 감정이 없는 것처럼 보인다.
- 논리적인 면을 지나치게 강조하는 것처럼 보인다.
- 고집이 세고 완고하여 융통성이 없게 보일 수 있다.

멜러형

- 자신의 의견에 대해 주장하지 못하고 양보만 할 수 있다.
- 권위를 가진 사람에 대해 좀 더 협조를 잘할 수 있다.
- 지나치게 친절해서 상대방에게 부담을 줄 수도 있다.
- 의심하지 않고 쉽게 믿는다.

3. 반대적 성향을 개발하는 방법

1) 유형별 발전 전략

E
- 말하기 전에 마음속으로 자문하기
- 화자에서 청자로의 역할 바꾸기
- 상대방이 표현할 때까지 기다리기

I
- 타인에게 먼저 접근하여 질문하기
- 청자에서 화자로의 역할 바꾸기
- 먼저 표현해 보기

T
- 비판하고 싶을 때 F/B 뒤로 미루기
- 상대의 기분과 감정 헤아려 보기
- 나와 상대방의 정서에 귀 기울이기

F
- 감정이 격할 때 반응하는 것 참기
- 현상황에서 객관적인 것 찾아보기
- 기분/느낌과 별도로 대안 생각하기

생각해 봅시다!

1. 내 성격의 단점을 보완하기 위해서 평소 어떤 점을 노력해야 할지 정리해 보시오.

2. 내가 싫어하는 성격과 어떤 점이 불편했었는지 생각해 보고 인간관계를 위해 본인 스스로 어떻게 하는 게 바람직한지 정리해 보시오.

○ 쉬어갑시다 ○

나는 어떤 사람인가?

나는 어떤 사람인가?
언어가 거친 사람은 분노를 안고 있는 사람입니다.

부정적인 언어습관을 가진 사람은...마음에 두려움이 있는 사람입니다.
과장되게 이야기하기 좋아하는 사람은
그 마음이 궁핍하기 때문입니다.
자랑을 늘어놓기 좋아하는 사람은
그 마음에 안정감이 약하기 때문입니다.
항상 비판적인 말을 하는 사람은
그 마음에 비통함이 있기 때문입니다.
다른 사람을 헐뜯는 사람은
그 마음이 열등감에 사로잡혀 있기 때문입니다
다른 사람의 말을 듣지 않고 자기말만 하려는 사람은
그 마음이 조급하기 때문입니다

반면에...
항상 다른 사람을 격려하는 사람은 자신의 마음이 행복하기 때문입니다
부드럽게 말하는 사람은 그 마음이 안정적이기 때문입니다
진실되게 이야기하는 사람은 그 마음이 담대하기 때문입니다.
마음에 사랑이 많은 사람이 위로의 말을 내어줍니다
겸손한 사람이 과장하지 않고 사실을 말합니다
마음이 여유로운 사람이 말하기에 앞서 다른 사람의 말을 잘 듣습니다

소통은 말하기가 아니라 듣기입니다.

– 류태영님의 메일 중에서

8 Chapter

리더십

1. 리더십의 정의와 특성
2. 리더십 스타일
3. 현대적 리더십 모델

1. 리더십의 정의와 특성

1) 리더십의 정의

2) 리더십의 특성

2. 리더십 스타일

1) 오하이오 대학과 미시간 대학의 리더십 연구

2) 블레이크와 머튼의 리더십 연구

3) Fiedler의 컨틴전시(Contingency)이론

4) 허시와 블랜차드의 리더십

3. 현대적 리더십 모델

1) 변혁적 리더십(카리스마 리더십)

2) 윤리적 리더십

3) 셀프 리더십

4) 수퍼 리더십

5) 언더 리더십

Chapter 8

리 더 십

학습목표

1. 리더십의 정의와 특성을 설명할 수 있다.
2. 상황에 따른 리더의 커뮤니케이션 스킬을 설명하고 적용할 수 있다.
3. 리더십 스타일을 이해하고 현대적 리더십 이론을 설명할 수 있다.

1. 리더십의 정의와 특성

1) 리더십의 정의

리더십은 길, 경로, 혹은 배가 지나가는 진로를 의미하는 고대 앵글로색슨어인 리드(lead)에서 유래한다. 이 어원에 따르면 리더는 "길을 만들고, 가보고, 보여주는(안내하는) 사람"이라는 의미를 가진다.

Leader is one who makes the way, goes the way, and shows the way.

리더에게 가장 중요한 것은 우선 많은 사람에게 이로움을 주는 책임과 의무이다. 즉, 개인이나 조직의 이익에 공헌하기 위한 가치 지향적 활동으로 공동의 선(善)을 목적으로 해야 한다. 개인적 이익이나 자신이 소속된 집단만을 유익하게 하고자 하는 이기주의적 행태를 보이는 사람은 비록 높은 지위에 있다고 하더라도 리더로 보기 어렵다. 절대 핵심은 공동의 선(善)을 위해 옳은 일을 제대로 하겠다는 선한 의지가 전제가 되어야 할 것이다.

둘째, 리더는 다수의 사람들과 함께 일한다. 집단이나 조직을 전제로 하는 개념으로 리더와 구성원 간의 상호작용을 바탕으로 이루어진다. 이들은 일을 하고 함께 생활하는 과정에서 지식-정보-경험-정서를 교환함으로써 서로에게 영향을 미친다. 때로는 힘이 되고 때로는 힘겨움의 근원이 되기도 한다. 리더는 구성원들에게 긍정적 영향을 미치고 도움이 되는 사람이어야 한다.

리더십에 대한 정의는 정치와 환경의 변화를 반영하기도 한다. 1990년대 이후 리더십에 대한 다양한 정의들이 이루어져 왔으며 리더십의 대가인 스토그딜(R. M. Stogdill)은 리더십을 '집단의 구성원들로 하여금 특정 목표를 지향하게 하고 그 목표달성을 위해 실제 행동을 하도록 영향력을 행사하는 것'이라고 정의했다.

그의 리더십은 다양한 정의가 있다.

- 조직구성원들로 하여금 조직 목표를 위해 자발적으로 노력하도록 영향을 주는 행위
- 목표 달성을 위하여 어떤 사람이 다른 사람에게 영향을 주는 행위
- 어떤 주어진 상황 내에서 목표달성을 위해 개인 또는 집단에 영향력을 행사하는 과정
- 자신의 주장을 소신 있게 나타내고 다른 사람들을 격려하는 힘

요즘 다수의 이익보다 자신과 자신이 소속된 집단의 이익을 우선하는 사회지도층의 반복되는 행태로 리더십의 위기를 맞고 있다. 우리 사회에 만연하고 있는 집단이기주의와 다양한 갈등현상은 바로 리더십의 부재에서 오는 것으로, 신뢰할 수 있는 사회적 리더가 필요하다.

2) 리더십의 특성

리더십은 먼저 리더와 구성원 간의 공동의 목적을 달성하기 위하 과정이며, 두 번째 두 사람 이상으로 구성된 집단이나 조직상황을 전제로 한다. 이것은 리더와 구성원 간의 관계뿐만 아니라 구성원과 구성원 간의 관계도 리더십 성과에 영향을 미친다는 것을 의미한다.

세 번째로 리더는 구성원에게 보상을 통해 영향을 미친다. 구성원들의 공헌을 통해 리더에게 영향을 미친다. 영향의 정도, 즉 영향력은 상호작용의 대상으로 리더십의 필수 요건이다. 네 번째로 리더십은 리더에 대한 믿음과 기대를 통해 자발적으로 따라가는 자발성을 전제로 한다. 리더를 따르는 이유는 복종이 아닌 존경심이어야 한다는 전제는 자명한 사실이다. 마지막으로 리더는 구성원 간의 일과 생각, 장소를 매개로 하는 상호작용의 과정이다. 상호작용은 시간의 흐름에 따라 변화하며 좋아질 수도, 경우에 따라서는 나빠질 수도 있다. 리더십의 효과 또한 리더와 구성원 모두 시간이 경과함에 따라 진화 발전해야 한다.

따라서 리더십은 강제, 강압, 지배 등의 영향력의 행사 방법 과정과는 거리가 멀다. 또한 리더와 구성원들은 상호작용을 필요로 하는 모종의 공유된 목적을 중심으로 느슨하게나마 조직화되어 있어야 한다. 그렇기에 리더와 관리자는 구분되며 다르다.

(1) 리더와 관리자

리더는 조직의 비전과 인간적 신뢰, 충성과 지지 3가지 조건을 모두 갖추어야 훌륭한 리더라고 할 수 있으며 관리자와는 차이가 있는 것이다. 관리자(manager)

는 조직의 운영을 책임지는 사람으로 계획, 조직화, 지시, 조정, 통제 등의 관리 활동을 통해 업무성과를 달성하는 사람이다. 반면 리더는 개인과 조직의 변화를 촉진한다는 점을 기억해야 한다. 관리자는 조직의 결재권자에 의해 임명된 리더로서 파트장, 팀장, 그룹장과 같이 장(長)자가 붙은 공식적 직책을 가진 자들을 말한다. 한편 리더는 구성원들이 공식적 지위와 상관없이 특정 개인을 조직의 실질적 능력자로 인정하는 경우이다. 리더가 가진 전문적 지식이나 경험, 정보, 인맥, 신뢰, 존경심과 같은 개인적 특성과 자질 때문에 구성원들에 의해 리더로 자연스럽게 인정된 경우이다. 이를 자생적 리더라고 하며 자생적 리더가 진정한 리더가 될 수 있다.

〈표 8-1〉 관리자와 리더의 차이

관리자	리더
• 공식적, 사무적 • 목표지향 • 기계적 의사결정 • 감독 및 통제 • 계획적, 공식적 업무설계 • 계획에 따른 업무관리	• 인간적 • 적극적 목표수행 • 모험적 의사결정 • 직관적, 영감적 결정 • 변화와 혁신 • 비전 제시

- 직무(職務) : 직책이나 직업상에서 책임을 지고 담당하여 맡은 사무. '맡은 일'로 순화
- 직책(職責) : 직무상의 책임
- 직위(職位) : 직무에 따라 규정되는 사회적 · 행정적 위치
- 직급(職級) : 직무의 등급. 일의 종류나 난이도, 책임도 따위가 상당히 비슷한 직위를 한데 묶은 최하위의 구분

(2) 리더십의 특성과 행동

리더십에 대한 정의와 함께 20세기 초에서 1940년대는 리더가 갖추어야 할 특성이나 자질을 찾는데 집중하여 연구하였다. 1930년에서 1940년대는 리더십 특성을 찾기 위한 실증적 연구가 활성화되고 논문도 여러 편 발표되기에 이른다.

초기에는 리더들은 일정한 특성이 있다고 생각했다. 1차적 특성의 변수로 신체적, 성격적, 사회적(대인관계적), 능력상의 특성이 존재하며 이에 추출한 2차적 특성의 변수로 효과적이고 훌륭한 리더들이 갖추어야 할 또 다른 특성들의 집합체가 존재한다고 본 것이다.

그러나 이런 특성들은 첫째 리더십 특성과 리더십 유효성 간의 상관관계가 약하고 일관성이 없다는 문제가 제기된 것이다. 예를 들어 효과적인 리더는 지능이 높다는 가설을 지지해 주는 결과보다는 예외적 결과가 많았으며 어느 한 사람이 갖고 있는 현재의 특성을 보고 미래의 어느 시점에서 그 시점에서 발휘할 수 있는 리더십효과의 정도를 예측 가능한 결과를 얻지 못한 것이다.

두 번째 문제점은 어떤 경우에는 리더십 특성과 유효성의 관계가 상황변수들의 존재 여부에 따라 달라진다. 즉, 리더십 특성들의 상대적 중요성이 조직 특성, 역사적 배경, 집단의 목표, 직무 특성, 그리고 구성원들의 특성 등에 따라 달라질 수 있다. 초기의 리더십 특성연구들은 연구방법상의 문제점을 극복하지 못했다.

1950년대에 오면서 특성 중심에서 리더의 행위중심으로 변화하고, 1960년대에서 1970년대에는 특성이론은 비판의 대상이 되어 1980년대에는 특성에 대한 관심이 두 가지 방향에서 살아나게 된다.

1. 과거의 특성연구의 연구방법과 측정상의 문제점들을 극복
2. 추종자들의 지각과정(perception)에 기초한 접근방법

근대적 리더십 연구 초기에는 리더십을 복종, 통제, 충성과 같은 권위적 관점에서 정의하였다. 이후 공동목표, 상호작용, 영향력과 같은 관계적 관점에서 정의, 그리고 비전, 가치관, 카리스마를 중심으로 한 변화 주도 관점의 정의들이 있었다. 최근에는 진정성, 윤리, 숨김과 같은 인격 혹은 품성적인 관점의 리더십 정의와 함께 네트워크, 복잡성, 조직적응력과 같은 시스템 관점의 리더십 정의들이

공존하고 있다. 이와 같은 리더십에 대한 정의는 다양하고도 변천되어 왔다. 리더십에 대한 정의가 발전과 변화를 거쳤다는 것은 정치, 경제, 사회적 환경흐름에 리더에 대한 기대역할도 변화되었음을 의미하며, 리더십은 정적이기보다는 동적인 개념으로 봐야 한다.

〈표 8-2〉 리더십의 변화

과거	현재
권위(통제, 복종, 충성)	• 관계지향(공동목표, 상호작용, 영향력) • 변화주도(비전, 가치관, 카리스마) • 품성, 인격(진정성, 윤리, 섬김) • 시스템, 집단지성(복잡성, 네트워크, 적응력)

변화하는 리더의 정의에 훌륭한 리더십을 발휘하기 위해서는 첫 번째 정신의 학습(學習)을 한다. 즉, 세상을 낙관적이고 긍정적으로 바라보는 학습이다. 부정적, 비관적, 다른 사람 탓을 하는 리더는 안 된다. 두 번째는 마음의 학습(學習)이다. 타인을 평가하고 조언, 충고하는 마음보다는 있는 그대로 인정하고, 마음을 나누는 공감과 경청으로 너그러운 마음으로 대하는 학습이 필요하다. 마지막으로 행동의 학습(學習)이다. 일에 대한 동기부여, 책임감의 끈기 있는 실행력이야말로 리더가 갖추고 개발해야 할 특성이다

모든 것들은 학(學)이 건물 안에서 아이들(子)이 공부하는 모습을 본 뜬 글자이듯 배우고 공부하여 후천적으로 알게 된 것들이라도, 습(習)으로 연습하고 익혀서 익숙하게 하는 것은 중요하다. 습(習)은 '날개'를 뜻하는 우(羽)와 '날이 하얗게 새다'는 뜻의 백(白)이라는 글자가 만나서 이루어진 글자이다. 이것은 새끼 새가 날이 하얗게 새도록 수 백 번의 날개 짓을 반복하고 연습해야 드넓고 푸른 하늘을 날 수 있다는 뜻을 포함하는 것이다. 훌륭한 리더십을 갖춘 리더가 되기 위해서는 그 만큼 배우고 익혀 아는 것도 반복 연습을 통해 습관으로 만들어 봐야 한다.

생각해 봅시다!

훌륭한 리더는 어떤 특성을 가졌다고 생각하는지 팀원들과 각자의 생각을 공유한 후 훌륭한 리더의 특성을 10가지로 정리하시오.

2. 리더십 스타일

1) 오하이오 대학과 미시간 대학의 리더십 연구

초기 리더십 연구에 이어 두 가지 리더십 유형이 일반화되어 가는데 그것은 바로 성과중심의 리더십과 분위기중심의 리더십이였다. 1950년대에는 리더행동에 주안점을 두고, 리더행동을 두 가지 독립차원으로 구분하는 시도가 이루어진다. 리더십 스타일(Leadership style)은 리더가 하급자에게 보여주는 행동 스타일을 말한다.

(1) 미국의 미시간 대학 연구팀

- 생산 중심 & 종업원 중심으로(Employee) 리더십으로 봄
- 두 가지를 양 극단으로 보아 커다란 성과를 이루지 못함

(2) 미국의 오하이오 주립대학(Ohio State University) 연구

- 작업집단의 업적과 만족에 미치는 효과를 측정 시도
- 구조구도(Initiating structure) & 배려(Consideration)의 일 중심 리더인지 인간중심적인지 리더행동에 주안점을 둠
- 리더행동을 두 가지 독립차원으로 구분하는 시도

2) 블레이크와 머튼의 리더십 연구

블레이크와 머튼(R. R. Blake & Mouton)은 생산에 관한 관심과 인간에 대한 관심이라는 리더행동 차원을 제시하면서 바둑판모형의 관리격자라는 관리 형태를 리더십이론에 도입하여 리더십 격자(Leadership Gird)이론을 주장하였다.

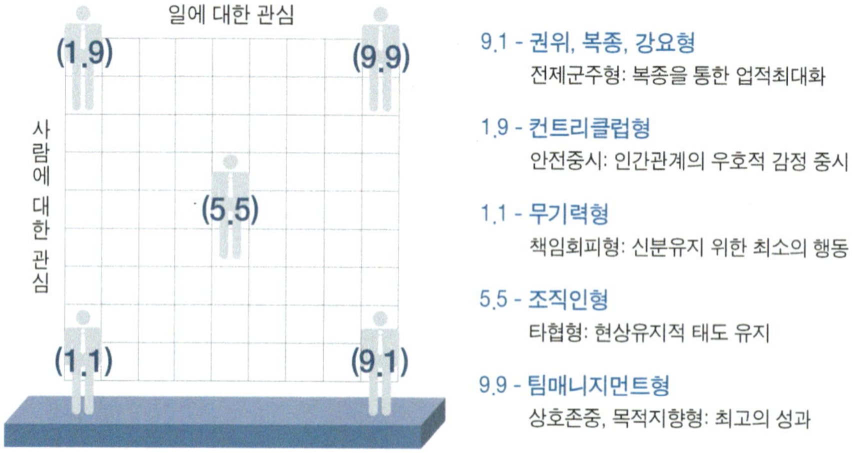

[그림 8-1] 리더십 격자

(1) 1.1형(무기력형)

불간섭, 자유방임을 신조로 삼는 리더로서 인간과 생산에 대한 관심이 모두 낮은 무능력형 리더라고 할 수 있다. 또한 리더십 역할을 포기한 자유방임형 리더라고 할 수 있다.

(2) 1.9형(인기형)

컨트리클럽형 리더로서 인간관계의 만족이나 부하들과의 화합에 많은 관심을 두고 즐거운 분위기를 조성하는데 최대한 관심을 가진 리더이다. 업적보다는 인간관계를 중시하다보니 부하들로부터는 인기가 좋다.

(3) 5.5형(중간형)

어느 한쪽으로 치우침이 없는 리더로서 조직의 관심과 개인관심을 잘 균형 있게 관리하는 리더이다.

(4) 9.1형(과업형)

인간에 대한 생각보다는 생산에 관심을 가지고 있는 리더로서 부하를 인정하거나, 부하의 사기, 만족, 욕구를 고려하기 전에 과업을 능률적으로 수행하는 데 관심을 가지고 업적, 성과, 경제성, 효율 등을 강조하는 리더이다. 흔히 인간관계에 냉소적이며 무조건 명령과 지시에 복종하며 '나를 따르라'라고 하기에 독재자라는 비판을 받기도 한다.

(5) 9.9형(이상형)

인간과 생산 모두에 높은 관심을 가지는 이상적인 리더라 할 수 있다. 이는 개인의 희생을 강요하지 않은 채 조직 목적을 달성하는 그야말로 환상적인 리더를 말한다. 이러한 리더는 생산 및 종업원의 만족을 극대화하기 위해 노력한다. 따라서 최근에는 이러한 이상형 팀형 리더라고 하는데 그 이유는 팀에 대한 자발적 참여, 팀 몰입 그리고 팀 갈등해결을 강조하기 때문이다.

3) Fiedler의 컨틴전시(Contingency)이론

파들러(Fiedler)는 올바른 리더십 발휘를 위해서는 리더와 부하 상호관계 혹은 리더가 처한 상황별(Contingency)로 이루어지는 상황의 호의성에 따라 다른 유형의 리더십이 효과적이라는 주장을 하였다. 리더십 유형은 상황적 특성에 따라서 다른 효과를 낼 수 있다.

(1) 상황측정을 위한 세 가지 변수

① 리더와 구성원과의 관계

집단의 구성원들이 리더를 지원하고 있는 정도를 나타낸다.

② 과업구조

구성원들이 맡은 과업이 명확히 정의되어 있는가의 정도를 의미하며, 이는 목표의 명확성, 목표에 이르는 수단의 다양성, 의사결정의 검증가능성 등에 의해 결정된다.

③ 리더의 직위권한

리더의 직위가 집단구성원들로 하여금 명령을 수용하게 만들 수 있는 정도로써 구성원들에게 보상이나 처벌을 줄 수 있는 재량권 등을 의미한다.

상황의 호의성	호의적 <-------------------------> 비호의적							
리더와 구성원간의 관계	좋음				나쁨			
과업의 구조화	구조화		비구조화		구조화		비구조화	
직위 권한	강함	약함	강함	약함	강함	약함	강함	약함
상 황	I	II	III	IV	V	VI	VII	VIII

이상의 세 가지 요소들의 조합에 의해서 리더에게 가장 호의적인 상황에서부터 가장 비호의적인 상황까지 8가지의 상황이 발생한다. 여기에서 상황의 호의성이라는 것은 상황이 리더에게 자기의 집단에 대하여 영향력을 행사할 수 있는 정도로 정의하고 있다. 8가지 상황에서 리더에게 가장 호의적인 상황은 리더와 구성원들 간의 양호한 관계, 높은 과업구조, 즉 명확하게 정의된 직무를 지시할 수 있는 상황, 리더가 강력한 직위권한을 갖는 상황이다.

(2) 리더십 유형의 분류

Fiedler는 그의 연구를 위하여 리더십 유형을 과업 지향적인 유형(Task-Oriented)과 인간관계 지향적인 유형(Human Relations-Oriented)으로 분류하였다. Fiedler는 리더의 유형을 알아내기 위하여 LPC(Least-Preferred Co-worker) 척도라는 개념을 개발하였다. LPC 척도는 리더에게 자신이 가장 함께 일하기를 싫어하는 동료를 생각하면서 8점 척도의 문항에 대하여 대답을 하도록 하여 이들의 점수를 합하여 리더의 유형을 결정한다. LPC 척도는 자신의 동료를 긍정적으로 평가하면 관계 지향적 리더십 유형으로 부정적으로 평가하면 과업 지향적인 리더십 유형으로 분류한다.

〈표 8-3〉 Fiedler의 LPC 척도

쾌활한 사람	8◁—│—│—│—│—│—│—│—▷1	쾌활하지 못한 사람
다정한 사람	8◁—│—│—│—│—│—│—│—▷1	다정하지 못한 사람
거부적인 사람	1◁—│—│—│—│—│—│—│—▷8	수용적인 사람
도움이 되는사람	8◁—│—│—│—│—│—│—│—▷1	좌절을 주는 사람
열정적이지 않은 사람	1◁—│—│—│—│—│—│—│—▷8	열정적인 사람
긴장하고 있는 사람	1◁—│—│—│—│—│—│—│—▷8	여유있는 사람
거리를 두는 사람	1◁—│—│—│—│—│—│—│—▷8	친근한 사람
냉정한 사람	1◁—│—│—│—│—│—│—│—▷8	다정한 사람
협동적인 사람	8◁—│—│—│—│—│—│—│—▷1	비협동적인 사람
지원적인 사람	8◁—│—│—│—│—│—│—│—▷1	적대적인 사람
따분해 하는 사람	1◁—│—│—│—│—│—│—│—▷8	흥미있어 하는 사람
싸우기 좋아하는 사람	1◁—│—│—│—│—│—│—│—▷8	조화를 이루는 사람
자신있는 사람	8◁—│—│—│—│—│—│—│—▷1	주저하는 사람
효율적인 사람	8◁—│—│—│—│—│—│—│—▷1	비효율적인 사람
우울한 사람	1◁—│—│—│—│—│—│—│—▷8	쾌활한 사람
개방적인 사람	8◁—│—│—│—│—│—│—│—▷1	폐쇄적인 사람

- 총점 64점 이상이면 관계 지향적인 리더십 유형
- 총점 57점 이하면 과업 지향적 리더십 유형을 갖는 것으로 판단하며,
- 58점 이상 63점 이하인 경우에는 리더 자신이 스스로 평가

4) 허시와 블랜차드의 리더십

허시와 블랜차드(Hersey & Blanchard)는 리더의 과업행동과 관계성 행동을 기준으로 리더십을 네 가지 스타일로 분류한다.

〈표 8-4〉 리더십 스티일

		과업행동	
		많음	적음
관계성행동	많음	코칭형 과업행동도 많이 하고 관계성행동도 많이 하는 리더	지원형 관계성행동은 많이 하지만 과업행동은 적게 하는 리더
	적음	지시형 과업행동은 많이 하지만 관계성행동은 자제하는 리더	위임형 과업행동도 최소화하고 관계성행동도 최소화하는 리더

L1 지시형 (Directing)	• 업무에 초점에 맞춘 의사소통, 업무목표와 달성기한을 제시 • 목표달성 방법과 절차에 대한 명확한 지시 • 업무 진행상황을 관리, 감독 • 리더가 단독으로 의사결정
L2 코칭형 (Coaching)	• 목표달성과 사회, 정서적 지원 모두에 초점을 맞춘 의사소통 • 업무 목표와 업무 추진 방법에 대한 지원과 코칭 • 구성원의 의견과 아이디어를 청취하며 참여를 촉진 • 구성원과 협의 후 리더가 의사결정
L3 지원형 (Supporting)	• 목표 수립과 의사결정 과정에 구성원 참여 촉진 • 아이디어 촉진과 이상적 업무에 대한 권한 위임 • 경청, 칭찬, 신속한 피드백 제공 등으로 동기부여 • 구성원과의 협의에 의한 공동의사결정
L4 위엄형 (Delegating)	• 권한위임을 통해 업무에 대한 자율성과 자긍심 부여 • 수행업무에 대한 합의 후 수행방법, 역할책임 등은 위임 • 최소한의 피드백 제공과 모니터링 • 협의에 의한 공동의사결정을 하거나 위임

(1) 상황대응이론

상황대응리더십은 "가장 바람직한 리더십 스타일은 없다. 바람직한 리더십은 상황에 따라 다르다"는 것이다. 리더십 상황이론의 대표적인 것으로 허시와 블랜차드의 상황대응리더십 이론이 있다.

상황대응리더십에서는 구성원의 역량과 의욕에 따라 리더십의 상황이 다르다는 것이다. 상황대응이론의 상황은 구성원의 성숙도(Maturity)이며, 이것은 "구성원의 성숙도에 따라 적합한 리더십 스타일이 다르다"는 것이다. 성숙도(Maturity)는 업무수행역량(능력)과 의욕의 두 가지 기준에 따라 네 단계로 구분한다. 성숙도1의 수준은 역량과 의욕이 모두 없는 상태로 M1로 표시한다. 성숙도 2수준에서는 능력은 없으나 의욕은 있는 상태로 M2로 표시한다. 성숙도 3수준은 능력은 있으나 의욕이 없는 상태로 M3로 표시한다. 성숙도 4수준은 능력과 의욕이 모두 있는 상태로 M4로 표시한다.

〈표 8-5〉 상황대응리더십 이론의 성숙도 표시

성숙도	M4	M3	M2	M1
업무수행능력	있음	있음	없음	없음
의욕	있음	없음	있음	없음
성숙도	상	중상	중하	하

이처럼 상황대응리더십 이론은 성과를 달성하기 위해 구성원의 성숙도 수준에 따라 리더가 그에 적합한 리더십 스타일을 적용하는 것이다. 이를 리더십 매칭이라고 한다.

〈표 8-6〉 리더십 매칭

성숙도	M4	M3	M3	M2
리더십스타일	L4	L3	L2	L1
역할수행	구성원 주도적 역할		리더가 주도적 역할	

위 표에서처럼 성숙도 수준이 M1인 구성원에게는 L1(지시형)스타일을 적용한다. 성숙도 수준이 M2인 구성원에게는 L2(코칭형)스타일의 리더십을 적용한다. 성숙도 수준이 M3인 구성원에게는 L3(지원형) 스타일, 성숙도 M4인 구성원에게는 L4(위임형)스타일 리더십이 적합하다. 상황에 맞지 않게 리더십을 적용하는 것은 방임이 될 수 있기 때문이다.

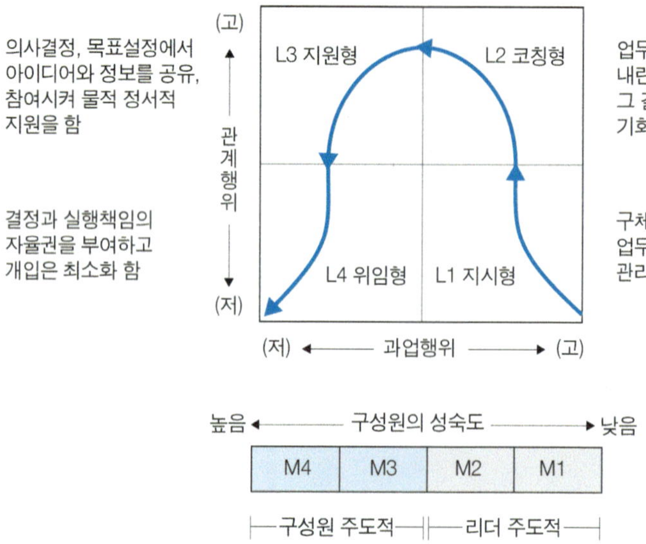

[그림 8-2] 상황적 리더십 모델

이와 같이 상황대응리더십에서는 구성원의 성숙도에 따라 리더십 스타일은 다르게 적용해야 한다는 것이며, 직원뿐만이 아니라 학생, 자녀에게도 역할이 달라져야 한다는 것을 의미하는 것이다. 리더는 구성원의 성숙도에 따라 리더십스타일을 유연하게 변화시켜야 하며 이것을 리더십 적용의 유연성(Flexibility)이라고 한다. 따라서 성숙도의 개인 차이를 고려하지 않고 리더가 모든 구성원들에게 동일한 리더십스타일을 일관되게 적용한다면 갈등과 문제를 야기시킬 수 있다.

3. 현대적 리더십 모델

1) 변혁적 리더십(카리스마 리더십)

(1) 변혁적 리더십은 1980년대부터 리더십 연구의 중심이 되고 있다. 혁신적 리더는 구성원들이 문제를 인식하고 해결책을 만들어 낼 수 있도록 영감을 불러 일으켜 주며 지적 자극을 줌으로써 일을 잘 수행할 수 있도록 하고, 새로운 창조와 혁신을 할 수 있도록 비전을 제시한다. 그래서 변혁적 리더십은 구성원의 가치관, 윤리, 정서, 행동규범 등을 전환하도록 자극하여 개인을 변혁시키고, 이를 통해 기대 이상의 높은 성과를 이루도록 하는 과정이다. 변혁적 리더십은 '왜 사는가?, 무엇을 위해 사는가?, 어떻게 살 것인가?' 등과 같은 본질적인 질문과 자극을 통해 구성원의 영감을 불러일으키고, 사명과 비전을 고민하게 하여 삶을 재 결단 케 함으로써 이전과는 다른 모습으로 살아가게 하는 리더십을 말한다. 변혁적 리더십은 이성적 영향력, 영감적 동기부여, 지적 자극, 그리고 개별적 배려의 네 가지 요인을 강조한다.

(2) 변혁적 리더십의 4요인(4I)

① Idealized influence(이상적 영향력)

구성원들에게 역할 모델이 되는 것을 말한다. 솔선수범을 통해 존경과 신뢰를 받을 수 있도록 높은 수준의 도덕적 윤리적 행동기준을 가진다.

② Inspirational motivation(영감적 동기부여)

구성원들에게 사명감과 비전을 제시한다. 일에서 가치와 의미를 찾도록 지원하며 높은 기대감을 표시한다. 개인의 이익을 넘어 조직의 목표달성에 초점을 맞추도록 정서적 호소와 상징적 행동을 하며, 팀 정신을 강조한다. 이상적 영향력과 영감적 동기부여 두 가지를 '카리스마'라고도 한다.

③ Intellectual stimulation(지적 자극)

구성원들이 새로운 시각과 방법을 시도하도록 자극하는 것을 말한다. 질문과 피드백을 통해 구성원으로 하여금 새로운 생각을 하도록 자극한다.

④ Individualized consideration(개별적 배려)

협력적 분위기를 조성하고 구성원의 복지와 개인의 욕구에 관심을 기울이고 배려하는 것을 말한다. 권한 위임을 통해 구성원의 성장을 촉진하고 코치와 멘토의 역할을 수행한다. 리더는 구성원들을 보호하고 성장시킨다.

2) 윤리적 리더십

(1) 최근 리더십에 윤리성을 추가해야 한다는 주장이 대두되고 있으며, 이러한 추세는 기업윤리나 환경윤리 혹은 기업의 사회적 책임이 점차 중시되고 있기 때문이기도 하다.

(2) 리더는 정직하고 남 앞에 떳떳해야 부하들이 리더를 신뢰할 것이며, 부하가 리더를 신뢰한다면 리더십의 효과가 클 수밖에 없다는 것이다.

3) 셀프 리더십

(1) 구성원 각자가 자기 자신을 리드하는 방식으로 훌륭한 리더는 부하들이 각자 맡은 직무에 대해 스스로 총 책임을 지고 자신의 행동을 통제 및 리드할 수 있는 여건을 만들어 주고 지원할 수 있어야 한다.

(2) 규정이나 강제에 의해서 보다 자율적으로 솔선수범하는 태도가 강하고, 자신 스스로를 통제하는 능력이 있다는 것이 셀프 리더십이다.

4) 수퍼 리더십

(1) 구성원 스스로 자신을 리드하도록 만드는 진정한 리더이며, 부하들에게 최대한의 자율권을 부여하고 자신은 지배자나 감독자가 아닌 코치와 상담자의 역할만 한다.
(2) 결국 부하들 스스로 활동하는 단계에 가면 리더는 관리행위로부터 자유로워지고 관리자가 아닌 충고자 및 조언자로 남게 되는 것이다.

5) 언더 리더십

(1) 닐스 플레깅(Niels Pfaeging)이 주장한 배타리더십의 개념으로 현대 기업경영에서 보편적으로 정의된 수직적이고 영웅적인 리더십에 반기를 들었다.
(2) 자본주의 4.0 시대 리더십은 위에 앉아 관리하거나 평가하지 말고, 조직원 스스로 알아서 일을 하도록 옆에서 도와주는 역할에 그쳐야 한다는 것을 주장하는 리더십이다.
(3) 언더 리더십을 가능하게 하는 '동료로부터 받는 사회적 압력은 상사지시를 통한 압박이 아닌 동료들끼리 하는 압력'을 뜻하는데 이러한 압력은 그룹 내에 속한 조직원들의 행동, 가치, 태도를 그 그룹의 표준에 순응하도록 영향을 미친다.

생각해 봅시다!

허시와 블랜차드의 상황대응리더십에 적용하여 리더가 L1, L2, L3, L4에서의 구체적인 리더십 항목을 생각하고 공유하시오.

국왕의 초상화

옛날 아주 못생긴 왕이 있었다. 한쪽 눈 감기고 비뚤어져 있었던 것이다. 하루는 왕이 나라 전체의 유명한 화가들을 모아놓고 자기의 얼굴을 그리라는 명령을 내리면서 잘 못 그릴 경우는 엄벌에 처하겠다는 덧붙인다.
첫 번째 화가는 왕의 모습에 솜씨를 더해 매우 잘생긴 미남자의 모습으로 초상화를 바쳤다. 그것을 본 왕운 몹시 화를 내면서 호령했다.
"거짓을 꾸며 아첨하는 사람은 음흉한 야심을 품고 있다는 증거이나 즉시 끌어다가 처단하라!"
이 광경을 보고 있던 다음 화가는 마음을 졸이며 왕의 모습과 한 치의 오차도 없는 실제와 똑같은 모습의 초상화를 그린다. 그런데 왕은 그 그림을 보자 또다시 화를 내며 엄명했다.
"왕을 이처럼 추악한 모습으로 그리다니 저 놈은 역적과 다를 바 없으니 즉시 끌어다가 처단하라!"
마지막 화가는 조용히 왕의 초상화를 그려나갔다.
왕은 마지막 화가의 초상화를 보는 순간 얼굴에 미소가 번지면서 말했다.
"저 화가에게 상금과 선물을 주거라!"

화가는 왕의 옆모습을 그렸던 것이다.

9 Chapter

코칭과 멘토링

1. 코칭의 이해

1) 코칭의 개념

2) 코칭의 핵심 가치

2. 코칭 스킬

1) 코칭의 5가지 스킬

2) 코칭의 GROW 모델

3. 멘토링의 이해

1) 멘토링의 유래와 정의

2) 멘토와 멘티의 자세와 역할

3) 상황에 따른 멘토링 스타일

Chapter 9

코칭과 멘토링

학습목표

1. 코칭의 개념을 이해하고 설명할 수 있다.
2. 코칭 스킬을 이해하고 GROW 모델을 설명할 수 있다.
3. 멘토링의 개념을 이해하고 설명할 수 있다.

1. 코칭의 이해

1) 코칭의 개념

(1) 코치의 유래

코치의 어원은 헝가리의 도시 콕스(KOCS)라는 지명에서 유래한다. 이곳은 15세기경 최초로 네 마리의 말이 끄는 마차가 발명된 곳이다. 이 마차를 영국에서는 '코치(Coach)'라고 불렀고 지금도 영국에서는 택시를 '코치'라고 부르기도 한다. 마차의 일종인 코치는 고객을 출발지로부터 그가 원하는 위치까지 이동시켜 주는 운송수단의 기능을 수행했다. 이처럼 마차로부터 시작된 코치라는 개념은

1880년경부터 스포츠에 적용되어 운동선수를 지도하는 사람을 코치라 부르게 되었다.

(2) 코치와 코칭의 정의

프레드릭 허드슨(Frederic Hudson)은 코치는 '다른 사람을 안내하여 역량을 증대시키고 더 깊이 헌신하게 하며 자신감을 키우도록 훈련받은 사람'이라고 하였다. 코치는 문제에 대한 답을 스스로 찾아가도록 코치가 지원하고 조언하는 과정이라고 할 수 있다.

코칭은 경청을 기반으로 질문하고, 피드백 함으로써 구성원 스스로 해결책을 찾아가도록 지원하는 활동이며, 코치가 파트너, 지원자가 되어 코치받는 사람과 지속적인 협력관계를 통해 코치받는 사람의 잠재능력을 극대화시켜 성장할 수 있도록 돕는 것이다.

(3) 역할에 따른 코치의 종류

① **후원자** : 직원들이 개인적인 성장과 경력상 목표를 달성하는데 도움이 되는 업무가 무엇인지 결정하는 것을 도와주는 사람

② **멘토** : 어떤 분야에서 존경받는 조언자이며, 기업의 정치적 역학관계에 대처하는 방법 및 영향력을 행사해서 파워를 형성하는 방법을 알고 있는 사람

③ **평가자** : 특정한 상황 하에서 직원의 성과를 관찰하여 적절한 피드백이나 지원을 하기로 직원과 약속한 사람

④ **롤모델** : 역할 모델은 맡은 바를 행동으로 보여주는 역할을 수행하면서 직원들의 기업문화에 적합한 리더십 유형을 제시하는 사람

⑤ **교사** : 직원들이 자신의 업무를 효과적으로 수행할 수 있도록 업무상, 비전, 전략, 서비스 및 제품, 고객 등에 관한 정보를 제공하는 사람

(4) 구성

① **코치**(Coach) : 좋은 성품과 역량을 갖춘 사람으로서 효과적인 코칭을 진행하는 데 필요한 전문가

② **코치이**(Coachee) : 코칭을 받는 사람으로 피코치, 고객, 내담자 등

③ **코칭시스템** : 코치와 코치이 사이에 코칭 모델과 대화 프로세스를 사용하는 시스템

2) 코칭의 핵심 가치

(1) 코치의 역할

코치는 지시하거나 가르치며 답을 주는 것이 아니라 구성원의 의견을 듣고 질문을 던져 팀원 스스로 생각하도록 하고, 시기적절한 피드백을 통해 전체적인 가이드를 제시한다. 그래서 코치는 코치로서 갖추어야 할 신념이 필요하다.

- 모든 사람에게는 무한한 잠재력과 가능성이 있다.
- 해답은 대부분 자신의 내부에 있다.
- 구성원이 자신의 선택과 행동에 대해 책임을 느끼도록 한다.
- 코치로서 코칭과정에서 알게 된 비밀을 꼭 지킨다.

(2) 코칭의 핵심 가치

① 쌍방향 커뮤니케이션

- 코칭은 코치가 코치이와 함께 상호작용을 통해 '의미있는' 의사소통을 함으로써 생산적인 커뮤니케이션을 하는 활동이다. 코치이가 가지고 있는 무한한 잠재력과 가능성을 깨닫도록 지원하는 것이다.

- 다른 무엇보다 상호신뢰가 가장 중요하며 코치는 적극적이고 헌신적으로 코칭에 임한다.

② 성장

- 코칭은 성장과 발전을 지향하는 프로세스이다.
- 궁극적으로 자신이 원하는 방향으로 성장, 발전하도록 지원하는 과정으로 코치이가 자신 속에 숨은 가능성과 에너지의 원동력을 발견, 목표달성하여 지속적으로 성장하도록 돕는 창조적인 활동이다.
- 코칭은 궁극적으로 코치이의 자기효능감과 자각능력을 개발시키도록 지원하는 역량개발과정이다.

③ 임파워먼트

- 코칭은 코치이가 자신의 문제를 스스로 해결할 수 있는 해답을 찾을 수 있도록 코치가 도와주는 일련의 과정이다. 이때 코치는 자율성과 책임감이 전제가 된 상태에서 코치이에게 임파워먼트를 제공한다.
- 코치에게는 헌신하는 파트너로서 인내하는 정신과 태도가 필요하다. 나아가 코치이가 자신감을 갖도록 그를 칭찬하고 지지하며, 격려하고 인정해 주어야 한다. 그럴 때 비로소 코치이와 코치의 진정한 신뢰관계가 형성된다.

생각해 봅시다!

우리 주변에 본받을 만한 코치의 세계를 생각해 보고, 코칭의 핵심가치 중에서 훌륭한 점을 이야기 나눠 보시오.

2. 코칭 스킬

1) 코칭의 5가지 스킬

질문스킬	상대의 잠재력을 끌어올리기 위해 특정 질문을 확대질문으로, 과거 질문을 미래질문으로, 부정질문을 긍정질문으로 한다.
경청스킬	코칭을 위해서는 코치이에게 마음을 열고, 눈을 열고, 귀로 잘 새겨들을 수 있어야 한다.
직관스킬	코치는 자신의 직관을 활용하여 코칭기술로 승화시키되, 생각하지 않고, 예측하지 않으며 리드하지 않는다.
자기관리스킬	코치는 자기 자신부터 스스로 관리할 수 있어야 한다.
확인스킬	코치이에게 있어서 중요한 사항을 확인하기 위한 기술로서 코치이의 미래와 현재, 과거를 확인한다.

2) 코칭의 GROW 모델

성공적인 코칭을 위한 4단계 질문 프로세스 모델이다.

① Goal : 목표 설정, 코칭 주제 설정

② Reality : 현실 점검, 변화를 위한 현재 위치 파악

③ Option : 대안 탐구, 실행 가능한 브레인스토밍 진행

④ Will(Wrap Up) : 실행의지 확인 및 결론. 실행과 행동으로 옮김

〈표 9-1〉 GROW 모델

Goal	• 단기, 장기 목표 설정 및 회기별 목표 설정
	• 어떻게 되기를 원하십니까? • 성취했을 때 모습을 설명해 보시겠습니까? • 목표 달성 파악하기 위해 목표를 계량화할 수 있습니까?
Reality	• 현재 어떤 상황이며 어떤 일이 일어나는가 탐색
	• 자신의 현재 위치를 어떻게 생각합니까? • 무엇을 개선하고 싶고 무엇을 할 수 있다고 생각합니까? • 무엇에 가장 열정 느끼고 당신을 즐겁게 만듭니까?
Option	• 목표 달성 위한 구체적인 세부방법 작성
	• 실행 가능한 해결책은 무엇이며 가장 중요한 것은 무엇입니까? • 해결책을 시행하기 위해 어떠한 자원이 필요하십니까? • 구체적인 실행계획은 무엇입니까?
Will(Wrap Up)	• 미래지향적 의지와 결론 도출
	• 어떤 해결책을 언제까지 할 수 있다고 생각하십니까? • 예상되는 장애나 위협요인은 무엇입니까? • 당신이 스스로 평가한 후, 이를 위해 어떤 지원이 필요하십니까?

생각해 봅시다!

2인 1조(코치와 코치이 역할)가 되어 목표설정을 합의한 후 GROW 모델을 실습해 보시오.

3. 멘토링의 이해

1) 멘토링의 유래와 정의

경험과 지식이 많은 사람이 스승 역할을 하여 지도와 조언으로 그 대상자의 실력과 잠재력을 향상시키는 것을 말한다.

영어에서 '스승'을 뜻하는 '멘토'는 그리스신화에 나오는 오디세우스의 친구 멘토르(Mentor)에서 유래하였다. 멘토르는 오디세우스가 트로이전쟁에 출정하여 20년이 되도록 귀향하지 않는 동안 그의 아들 텔레마코스를 돌보며 가르쳤으며, 그의 이름은 '현명하고 성실한 조언자' 또는 '스승'의 뜻을 지니게 되었다.

경험과 지식이 많은 사람이 스승 역할을 하여 지도와 조언으로 그 대상자의 실력과 잠재력을 향상시키는 것 또는 그러한 체계를 '멘토링'이라고 하는데, 스승 역할을 하는 사람을 '멘토(mentor)', 지도 또는 조언을 받는 사람을 '멘티(mentee)'라고 한다. 멘토와 멘티의 관계는 살아가는 과정에서 자연스럽게 형성되기도 하고, 기업 등의 조직 안에서 인위적으로 활성화되기도 한다.

기업은 업무경험이 많은 선배직원이 신입직원에게 아래의 지도와 조언을 통해 업무에 신속하게 적응하고, 성장 잠재력을 개발시킬 것을 기대한다.

(1) 지식이전

선배직원이 퇴직 혹은 순화배치로 자리를 옮기게 되더라도 선배의 경험에서 우러난 노하우가 남아 지속되게 해준다.

(2) 핵심가치 보전

기업문화를 통해 전승되는 핵심가치는 공동체 의식과 몰입 문화보전 강화에 크게 기여한다.

(3) 인재육성

핵심인력에 대한 리더육성 멘토링을 통해 차기 임원의 수급을 원활하게 한다.

(4) 기업브랜드

내부인재 육성프로그램이 좋은 기업은 신규인력 유치에서 높은 경쟁력을 지니게 된다.

2) 멘토와 멘티의 자세와 역할

멘토링에 있어서 가장 중요한 것은 멘토와 멘티가 만나면서 이뤄지는 관계형성이다. 멘토링 커뮤니케이션의 중요한 요소는 일정 기간 지속적으로 이뤄지는 시간과 횟수를 전제로 하는 만남이라는 것이다. 따라서 사전에 '저의 멘토가 되어주십시오'. '그렇게 합시다'라는 약속이 수반된다.

1단계 : 멘토-멘티 관계를 형성한다.
2단계 : 서로 기대사항과 낼 수 있는 시간에 대해 논의한다.
3단계 : 집중 과제 논의 및 액션플랜을 성실하게 실행할 의지를 확인한다.

멘토는 멘티의 학습과 성장을 위해 자신의 지식과 경험을 바탕으로 노하우를 제공하고자 하는 사람으로 멘티에 대해 심리사회적, 업무역량적 역할 모델로서 작동한다.

멘토는 주로 멘티가 필요로 하는 부분에 대해 초점을 맞춰 진행하게 된다. 따라서 '멘토가 되어주십시오'라고 요청을 받았을 때 대부분의 사람들은 자신이 멘토가 되겠다고 쉽게 대답하지 않는다. 멘토가 된다는 것은 시간과 자원을 공유하는 일이기 때문이다. 멘티는 멘토의 지도 또는 조언을 받아 성장하고 자신의 꿈을 실현하는 사람이다.

그래서 멘토는 멘티의 학습과 성장을 목표로 다음과 같은 역할을 수행한다.

- 멘티의 장점과 단점을 명확하게 말해 줄 수 있다.
- 멘티가 결정을 하고자 할 때 무엇을 도와줘야 할지 알고 있다.
- 멘티가 가지고 있는 관심을 구조화하고 명료하게 이해하도록 도와줄 수 있다.
- 멘티의 문제를 해결하는 데 필요한 자료에 대해 알고 있다.
- 멘티에게 새로운 관점을 소개하고 방향성을 설명할 수 있다.
- 멘티가 스스로 생각해보고 실행결과에 대해 자긍심을 갖도록 지지한다.

그리고 멘티는 멘토와 작은 단위 조직을 만든다는 의미를 이해하고 멘토링 소통에 있어서 다음과 같은 멘트의 역할을 수행한다.

- 어떤 마음과 말로 시작할 것인지 사전 정리한다.
- 본인 소개를 준비한다.
- 궁금한 것에 대한 이슈에 대해 시작할 말을 준비한다.
- 멘토의 강점을 발견하고 배우겠다는 마음 자세를 갖는다.
- 수직적 소통의 흐름과 겸손한 마음으로 출발한다.
- 장점을 인정하는 것과 내가 낮아지는 것에 대한 구분을 인식하고 시작한다.

〈표 9-2〉 자세의 핵심

멘토의 자세	멘티의 자세
• 멘토 생명은 비밀 지키기 • 멘토 특징은 경험 공유하기 • 멘토 핵심은 경청하기	• 멘티 생명은 약속지키기 • 멘티 특징은 질문하기 • 멘티 핵심은 공유하기

3) 상황에 따른 멘토링 스타일

멘토링은 멘티의 자기 주도적 학습을 멘토가 도와주는 것이 기본이다. 따라서 두 사람의 원활한 소통이 핵심자원인 것이다. 멘티의 성장을 위해서는 상호 이해의 폭을 넓혀, 상황에 따라 다르게 접근하는 방식이 필요하다.

〈표 9-3〉 단계상황에 따른 소통 스타일

1단계 : 멘티가 업무에 대해 전혀 상황 파악이 되지 않은 단계에서	1단계 : 멘티에게 실행방안을 제시하고 그 중 선택하게 한다.
2단계 : 상황 파악은 되지만 일 처리 역량이 부족한 단계에서	2단계 : 멘티의 수준을 단계적으로 업그레이드 하는 방법을 함께 고민하면서 조언한다.
3단계 : 전체적인 상황 파악과 업무처리도 잘하는 단계에서	3단계 : 멘티가 자기 주도적으로 진행하게 한다.
모든 단계에서의 작업 ① 무엇에 대해 논의했는지 요약한다. ② 다음 만남까지 실행하고자 하는 액션 플랜을 적어둔다. ③ 멘토링 소통에 대한 만족도에 대해 정리하고 개선할 점을 정리한다.	

멘토링에서 중요한 것은 자신의 내면적 힘, 미래의 모습을 그릴 수 있는 지속성과 신뢰성을 유지하는 것으로, 매번 기록과 객관화 작업을 통해 자신의 변화를 바라볼 수 있어야 한다. 멘토링 후는 마무리의 작업으로 '무엇에 대해 논의했는지', '다음 만남까지의 액션플랜', '만족도와 개선점'을 기록하는 것을 수행한다.

생각해 봅시다!

1. 좋은 멘토와 멘티의 자세에 대해 구체적으로 정리하시오.
2. 본인이 멘토가 된다면 어떤 방법으로 도움을 줄 것인지 구체적으로 정리하고 이야기 나눠 보시오.

○ 쉬어갑시다 ○

빌게이츠의 자기암시

빌게이츠는 자신의 성공의 비결을 이렇게 말했다,

나는 날마다 두 개의 체면을 겁니다.
" 오늘 나에게 큰 행운이 찾아 올 것이다"
" 나는 뭐든지 할 수 있다"

아침마다 긍정적인 자기암시로 시작한다는 것이다.
이것은 자기에 대한 자기존중의 신뢰가 바탕이 되었다고 생각된다.

10 Chapter

휴먼 커뮤니케이션

1. 커뮤니케이션의 갭
2. 상담 커뮤니케이션
3. 효과적인 질문과 피드백 커뮤니케이션 기술

1. 커뮤니케이션의 갭

1) 직장 내 갭

2) 세대 간 갭

2. 상담 커뮤니케이션

1) 좋아하는 커뮤니케이션 VS. 싫어하는 커뮤니케이션

2) Small Talk와 표현 스킬

3. 효과적인 질문과 피드백 커뮤니케이션 기술

1) 효과적인 질문

2) 효과적인 피드백

Chapter 10

학습목표

1. 직장 내, 세대 간 커뮤니케이션의 차이를 이해하고 소통할 수 있다.
2. 상담 커뮤니케이션 스킬을 설명하고 적용할 수 있다.
3. 질문과 피드백 스킬을 이해하고 적용할 수 있다.

1. 커뮤니케이션의 갭

1) 직장 내 갭

한 취업 포털 사이트의 설문조사에 따르면 직장인 56.8%는 직장에서 이성직원과 일을 할 때 어려움을 느낀다고 했다. 남직원들이 여직원들과 일할 때 76.8%가 사용하는 단어나 태도 등의 의사소통 방식이 다르다는 응답이 가장 많았으며, 63.4%는 상대가 업무나 인간관계보다 가정을 우선시할 때로 조사되었다. 반면에 여직원들이 남직원들과 일할 때는 상대가 책임져야 할 일들을 회피하거나 결정을 미룰 때가 75.0%, 사용하는 단어와 태도 등 의사소통방식이 서로 다를 때가 53.4%로 가장 많은 응답이 있었다. 남성과 여성을 떠나서 함께 공동의 목표를 달성하고 성과를 내기 위해서는 상호 의사소통 방식을 이해하고 보다 효과적으로 커뮤니케이션하려는 노력이 필요하다.

〈표 10-1〉 직장에서 인정받는다고 느끼는 때 남녀차이

남자들이 인정받는다고 느낄 때	여자들이 인정받는다고 느낄 때
• 과업을 달성할 수 있는 사람으로 지목 • 자신의 능력을 보일 수 있을 때 • 해결책이 도출될 때까지 기다려 줄 때 • 회의시간 경쟁자보다 우수함을 느낄 때(공치사나 칭찬과는 다른 의미이며, 다른 사람의 공로를 굳이 인정할 필요없음) • 결과에 대해 인정받고 보상받을 때	• 과업을 달성할 팀원으로 선정될 때 • 요구하지 않아도 믿음의 지지와 공유관계를 수립할 때 • 타인과 협력하면서 해결책을 찾을 때 • 회의시간 기여를 인정하고 아이디어를 솔직하게 공유할 수 있을 때 • 결과뿐 아니라 과정의 도전기여를 인정받을 때

(1) 사실전달

가치 판단의 차이로 목표지향적이면서 문제해결에 집중해서 '사실'과 관련된 것을 전달하는 스타일과 친밀한 관계에서 '감정'을 나누며 대화하는 것을 좋아하는 사람이 있다. 전자는 목적을 가지고 사실을 전달하는 경우가 많다. 후자는 자기 감정을 충분히 전달하기 위해 과장하거나 은유법을 사용하거나 다소 막연한 표현을 한다. 예를 들어 간혹, 여자가 '한 번도 ~한 적이 없다'거나 '매일 그런식이다'라고 말한다면 '한번도'나 '매일'이라는 부사어는 감정의 정도를 나타내는 것일 뿐 사실적 빈도를 나타내려는 것이 아니다. 또한 상대가 감정에 관한 내용을 있는 그대로 표현할 경우라도 다른 상대는 그 이야기가 자기에게 책임을 묻거나 해결해 달라는 요구로 받아들일 가능성에 유의해 보자.

(2) 화법

어떤 사람은 사실과 정보를 전달하기 위해 '직접화법'을 사용하고, 어떤 사람은 관계지향적이므로 본인의 말이 누군가를 공격하거나 불편하게 만들고 싶지 않기 때문에 직접적인 표현을 자제하고 '간접화법'을 사용한다. 예를 들어 간접화법을

사용하는 사람은, 사람은 어떤 특정한 물건이 갖고 싶을 때 저 물건이 예쁘다는 말을 반복함으로써 갖고 싶다는 의미를 내포하기도 한다는 것이다. 간접표현에 익숙하지 않은 사람들은 직접화법을 사용하는 사람은 그 의미를 바로 파악하기 힘들어 할 수 있다.

(3) 스트레스 상황

스트레스를 받을 때 어떤 사람은 문을 걸어 잠그고 자기만의 동굴(자기만의 세계)로 들어가 앉는다. 혼자서 조용히 생각하며 스스로 해결책을 찾으려고 한다. 반면에 어떤 사람은 가까운 사람과 이야기를 통해 우울한 기분을 털어 버린다. 후자는 힘든 상황을 말할 때는 위로 받고 싶어 한다는 것이다. '우물' 속으로 들어가서 해결하고 싶을 때 그것을 공감해 주고, '동굴'에서 문제를 혼자 해결하고자 하는 사람은 기다려 주는 여유가 필요하다.

(4) 동기부여

어떤 사람은 존재가치를 인정받을 때 힘이 나며 마음을 움직인다. 특히 이런 사람은 자기를 '신뢰'해 주기를 바라며 신뢰받기 위해 웬만해서는 조언을 구하지 않는다. 반면 어떤 이는 항상 자기에게 '관심'을 가져 주기를 바라며 누군가 자기를 사랑하고 있다고 느낄 때 의욕이 생긴다. 상대가 마음으로부터 관심을 가져 주고 이해해 주기를 원하는 것이다. 두 사람은 도움을 주려고 할 때 오히려 자신을 신뢰하지 않아서 하는 간섭으로 느끼고 반대로 자신에게 간섭하지 않을 때 무관심으로 느낀다.

2) 세대 간 갭

(1) 조직문화와 가치관의 변화

직장 내에서 세대 간 가치관의 차이는 세대 간 보이지 않는 장애물이 될 수 있다. 따라서 세대 간 커뮤니케이션 문제를 해결하기 위해서는 국민적 차원에서 가치관의 변화와 세대 간 차이를 분석하고 살펴볼 필요가 있다. 한국인의 가치관은 1997년 IMF 구제금융과 2008년 금융위기를 기점으로 큰 폭으로 변화되었다. 과거와 현재 한국의 가장 큰 가치관의 차이는 개인주의와 양성평등이다.

'한국인의 가치관 변화추이'(나은영, 2010)에서 1979년에는 '자신과 가족'보다는 나라를 중요시하는 비율이 높았다면 2010년에는 '자신과 가족'을 택한 비율이 크게 늘어났다. 신세대(20대) 뿐만 아니라 구세대(50대)도 같은 양상을 보이고 있다고 기술하고 있다.

또한 2010년 들어서는 남성 85.7%, 여성 94.5%가 남녀 평등의식에 대해 결혼한 여자가 시댁, 친정을 동등하게 대우해야 한다고 응답하였다. '시댁과 친정을 동등하게 대우해야 한다'는 생각은 2000년 이후 신세대보다 구세대의 변화 폭이 매우 커서 현재는 세대차가 거의 나지 않는다. 이는 기성세대들이 대세에 따라 빠르게 변화한 것으로 볼 수 있다.

조직문화와 직장 내 커뮤니케이션에 있어서 세대 간의 가치관의 차이를 살펴보면 첫째, 직장생활에서 중시하는 가치는 과거 '금전적 보상'에서 최근 '안정성'으로 변화하였다. 또한 이상실현이나 내면도야보다는 '대인관계'나 '과제해결과 같은 실질적인 가치관이 강화되었다. 둘째, 신세대는 '직능구분', 구세대는 '상하구별'이 중요하다. 셋째, 권위주의 부분은 부모-자녀 사이의 권위주의 수준은 낮은 반면 직장상사-부하 간의 권위주의 수준은 가장 높은 것으로 나타났다. 넷째 집단주의, 비공식주의, 혁신주의, 낙관주의와 같은 결과들을 종합하면 한국인은 안정성을 중시하고, 개인주의 성향을 가지며, 권위주의와 갈등하는 가운데 전문성을 중시한다고 볼 수 있다.

이러한 가치관의 변화와 세대 간 가치관의 차이는 한국의 조직문화와 인사관리 차원의 체계적인 변화를 요구한다. 즉, 구성원이 추구하는 가치를 받아들여 이전의 집단주의, 상명하복적 권위주의와 결과 중심의 조직에서 변화와 다양성 수용, 협력적이고 수평적인 조직관계, 개인의 경력관리를 강화하는 추세이다.

(2) 밀레니얼 세대의 등장과 특징

① 밀레니얼 세대의 등장

오늘날 새롭게 주목받고 있는 세대는 '베이비부머 세대', 'X세대'에 이르러 'Y세대', 'Z세대'라고 불리는 밀레니얼 세대이다. 밀레니얼 세대는 1980년대 초반부터 2000년대 초반에 출생한 현 10대에서 30대 초반 연령층을 의미한다. 산업기술이 급속도로 발달한 시대에 태어나 인터넷과 스마트세대를 접하며 자라면서 새로운 기술과 기계를 쉽게 받아들인 세대이기도 하다. IT, SNS, 소셜 미디어 등의 기술을 능숙하게 사용할 줄 아는 밀레니얼 세대는 이전 세대와는 전혀 다른 특성들을 가지고 있다.

현재 소비계층의 주류를 이루고 있는 세대로 기업은 마케팅을 하거나 신제품 개발에서 밀레니얼 세대의 성향을 분석하고 예측하는 것은 매우 중요한 일이 되었다. 또한 이들의 가치관과 특징은 근무환경의 변화, 기성세대와의 커뮤니케이션 방식, 인사관리 제도 변화 등 직장의 문화를 바꿔 놓고 있다.

② 밀레니얼 세대 특징

- 남의 시선을 크게 의식하지 않는다.
- 솔직하고 자유로운 개방적인 행동을 한다.
- 멀티태스킹이 가능하여 업무 수행 시 여러 가지 일을 동시에 수행한다.
- 자기표현과 좋고 싫음이 분명하고 거침없다.
- SNS의 자기노출은 용인하나, 업무시간 외의 사생활 보호가 중요하다.
- 모바일에 대한 인식이 다르다.
- 칭찬과 보상, 인정에 대한 즉각적 반응과 실적에 따른 보상을 분명하게 선호한다.
- 평생직장보다는 직장을 바꾸는 데 적극적이다.

(3) 기성세대와 밀레니얼 세대의 차이

취업 포털 사이트의 설문조사에 의하면 92.2%는 직장에서 세대차이를 경험한 적이 있다고 조사되었다. 특히 세대차이를 가장 많이 느끼는 부분은 커뮤니케이션 방식으로 직장인의 53.2%가 응답하였다. 이어 출퇴근 시간, 복장 등 직장생활 방식 36.3%, 회식 등 친목 도모 모임방식 36.6%, 회의 및 보고 등 업무방식 28.5%, TV프로그램 등 일상적인 대화 주제 21%순으로 세대차이를 느끼고 있었다. '직장 내 세대차이가 업무 효율성을 저하시키는가'에 대한 문항에는 그렇다 41.3%, 매우 그렇다 21%라고 응답해서 직장 내 세대차이가 업무 효율성에도 영향을 미치는 것으로 인식되고 있다. 직장 내 세대차이로 인해 스트레스를 받고 있다고 응답한 직장인은 56.8%차지했다.

〈표 10-2〉 기성세대와 밀레니얼 세대의 차이

구분	기성세대	밀레니얼 세대
일하는 방식	워커홀릭	과정이나 노력 양보다는 결과의 질로 평가를 원함
동기부여 방식	장기적 관점의 동기부여 중요	성과물에 즉각적인 반응과 보상 기대
소통방식	권위주의적, 일반적 커뮤니케이션	수평적 커뮤니케이션 익숙
리더의 자세	평가하고 판단	코치하고 가르침

자료 : LG경제연구원(2011). 2020새로운 미래가 온다.

직장인들이 인식하는 세대차이의 가장 큰 부분이 '커뮤니케이션 방식'이라는 결과에 여러 세대가 함께 일하며 공동의 목표달성이 중요한 기업의 입장에서 세대차이가 업무의 효율성까지 떨어뜨릴 수 있다는 점을 인식해야 한다. 그렇기에 소통의 문제를 해결하고 밀레니얼 세대와 함께 협업하는 소통의 방법은 중요하다.

(4) 직장 내 소통전략

① 가치관과 세계관의 차이를 인정한다.

② 스마트 커뮤니케이션 방식을 존중한다.

③ 세대 간의 강점을 찾아 아이디어를 공유한다.

④ 즉각적인 피드백으로 자존감을 높여준다.

⑤ 자율성을 찾아 스스로 문제를 해결할 수 있도록 지도하고 지시는 지양한다.

생각해 봅시다!

기성세대(또는 본인과 다른 세대)와 차이를 느꼈던 경험에 대해 이야기 나눠 보시오.

2. 상담 커뮤니케이션

인디언 사이의 특별한 소통방식이 있다고 한다. 사람들이 원을 그린 상태에서 독수리 깃털 같은 신성한 물건을 전달한다. 이 신성한 물건을 가진 사람이 말을 하는 동안은 다른 사람들은 물건을 가진 사람의 말에 귀를 기울여야 한다. 이 신성한 물건은 원을 따라 돌아가는데, 물건이 자기 차례에 오기 전에 말을 하거나 끼어들지 않는다고 한다. 이것은 인디언 사이에서 '돌아가면서 말하기'라는 소통방식으로 이때는 단지 말하는 사람의 의견에 공감할 경우 작고 부드러운 소리로 공감의 표시를 할 수 있을 뿐이라고 한다.

차례가 되어 말을 시작할 때도, 먼저 감사하는 말에서 시작한다. 그곳에 존재하게 한 창조주와 생명을 주신 부모님에게, 함께 앉아 대화할 수 있는 동료들에게 감사하는 말로 마음에 있던 이야기를 시작한다. 이것은 서로 결합해 주는 아주 독특하고 특별한 방식으로, 이들은 인내와 존중을 배운다고 한다.

우리도 여기서 배울 것이 참으로 많다.

1) 좋아하는 커뮤니케이션 VS. 싫어하는 커뮤니케이션

(1) 좋아하는 커뮤니케이션

좋아하는 커뮤니케이션 행동	남	여	계
말을 잘 경청해 주는 사람	22	33	55
호응 잘 해주는 사람	21	23	44
호기심과 관심으로 배려해 주는 사람	13	20	33
공감해 주는 사람	8	17	25
새로운 아이디어, 정보, 피드백 해주는 사람	5	13	18
상호 의견을 교환 협의 가능한 사람	8	6	14
고충을 터놓을 수 있는 사람	6	6	12
이해력이 좋은 사람	3	7	10
유머와 위트 있는 사람	1	7	8
솔직하고 진정성 있는 사람	3	5	8
긍정적인 사람	6	0	6
쉽게 설명하는 사람	1	4	5
다양한 주제의 대화가 가능한 사람	0	4	4
언행일치하는 사람	2	2	4
기타 등등	5	4	9
계	104	151	255

(2) 싫어하는 커뮤니케이션 행동

싫어하는 커뮤니케이션 행동	남	여	계
말을 끊고 자기 얘기만 하는 사람	26	50	76
부정적 말투와 상대를 무시하는 사람	11	19	30
아는 척, 있는 척하는 사람	11	14	25
자기주장이 강한 사람	7	17	24
대화중에 딴짓하는 사람	6	10	16
비논리적이고 장황하게 얘기하는 사람	3	6	9
리액션이 없는 사람	1	7	8
언행이 불일치 하는 사람	2	5	7
지적하고 충고, 가르치는 사람	1	5	6
자기 의사 표현이 미비한 사람	3	3	6
내용의 이해력이 부족한 사람	2	3	5
가만히 있다가 나중에 딴소리 하는 사람	1	4	5
배려심이 없는 사람	0	5	5
거짓말 하는 사람	1	3	4
이기적인 사람	1	3	3
이간질과 말을 옮기는 사람	1	2	2
주제와 상관없는 얘기하는 사람	2	2	2
기타	1	2	3
계	80	160	240

■ **역린(逆鱗)**

용(龍)이라는 짐승은 잘 길들이면 올라탈 수도 있지만 그의 목 아래에 있는 직경 한 자쯤 되는 역린, 즉 다른 비늘과는 반대 방향으로 나 있는 비늘을 건드리면 반드시 사람을 죽인다.

〈한비자(韓非子)세난편(說難篇)〉

2) Small Talk와 표현 스킬

인간관계에서 대화의 소통이 중요하다는 것은 누구나 잘 알고 있다. 말을 자르지 않기, 관심을 유지하면서 상대방과 흥미를 유지하기, 평가와 조언, 충고 미루기, 핵심 파악하기 등 모두 중요한 원칙이 될 수 있다. 이것들을 상대방이 인지하고 느낄 수 있도록 표현방법은 한층 더 중요하다.

(1) 라포(Rapport)

라포란 프랑스어로 '다리를 놓다'라는 뜻으로 두 사람 사이를 연결하는 교량역할을 말하는 것이다. 인간관계에서 '라포형성'은 상대방을 이해하고 공유하는 중요한 과정으로 상대방에 대한 존중이 바탕이 되어야 한다. 인간관계에서 처음 만났을 때 가장 처음 하는 행동은 '라포를 형성'하는 것이다. 상대방의 스타일, 태도, 말투 등 수집될 수 있는 가능한 많은 정보를, 순간적으로 빠르게 포착하여, 상대방과 가장 가까운 태도로 대화를 시작하는 것이며 대화중에도 상대방과의 라포형성은 계속된다. 개인의 가치관이나 철학은 배제한 채, 그것이 어떤 이야기이어도 상대의 행동과 마음을 이해하고 공감하려고 노력해야 하며 낯선 이에 대해 경계심을 지녔던 아랫사람이나 구성원은 상대방의 그런 모습을 보면서 조금씩 경계를 풀고 좀 더 자신의 속 깊은 이야기를 털어놓을 수 있게 될 것이다.

인간관계에서 '라포형성'은 상대방을 이해하고 공유하는 중요한 과정으로 상대방에 대한 존중이 바탕이 되어야 한다.

(2) 페이싱(Pacing)

페이싱은 라포를 형성하기 위한 수단 중 하나로 상대방이 하는 방식대로 맞추어 가는 것이다. 페이싱 할 때 주의할 점은 자연스럽게 맞추어야 한다는 것으로 호흡, 말의 속도, 목소리의 높낮이, 주로 사용하는 단어나 표현들, 몸짓 언어와 움직임, 기분까지 맞추어 가는 것을 의미한다.

앞에서 설명했던 경청의 기법 Body, Mood, Words에 맞게 맞춘다.

상대방에게 자연스럽게 페이싱 하다보면, 목표하는 방향으로 상대방의 행동을 리드(Lead)할 수 있게 된다. 인간관계에서 바람직한 목표를 설정하고 그 방향으로 이끌기 위해서는 페이싱 한다.

Paee – Pace – & Lead

(3) 백트레킹(Backtraking)

백트레킹을 해석하면 '추적한다'는 의미이다. 그 의미와 같게 듣는 사람은 발신자가 어떤 말을 하면 그 말을 그대로 말해주면서' 듣고 있다는 표시를 해 준다. 이것은 인간관계에서 서로 동질감을 느끼게 하는 것이 목적이다. 동질감을 느끼게 되면 거부감은 거의 줄어들고 공감을 보다 쉽게 할 수 있다.

① 상대방과 아이컨텍(Eye Contact) 한다.
② 몸을 상대방에게 기울인다.
③ 듣고 있다는 반응의 표시를 한다(언어적인 측면과 비언어적인 측면).
④ 이해가 어려운 부분에서는 질문을 한다.
⑤ 의견이 맞지 않으면 신속하게 끝낸다.
⑥ 화가 나는 상황에서 당황하지 않고 상대방을 이해하려고 노력한다.

(4) 미러링(Mirroring)

상대방의 몸짓이나 포즈, 얼굴 표정까지도 그대로 따라 해 주는 것으로 미러링을 제대로 하면 아무런 말을 하지 않더라도 상대의 이야기를 끌어내는 것이 가능하다. 미러링은 그대로 따라하는 미러링과 상대방이 다른 신체부위나 수단을 사용하는 교차미러링이 있다.

(5) 캘리브레이션(Calibration)

상대방에 집중하고 관심을 가져 상대방의 정보를 통해 상대방의 말하지 않는 의도와 메시지를 읽는다. 이것은 단순히 보는 것이 아닌 주의를 기울여 마음의 눈으로 볼 때 가능하다. 단 섣부른 판단은 금물이다.

(6) 캐널리제이션(Canalization)

상대방에게 가능한 '예스'의 대답을 유도해서 상대방과 물꼬를 트는 긍정적인 대화방식이다. 사람들은 대상을 긍정적으로 보기 시작하면 솔직해지고 쉽게 마음을 연다. 상대방에게 긍정적인 감정을 갖는 상황이 만들어지면 대화는 더욱 쉽게 풀린다.

대화의 물꼬를 트기 위해서 대화를 함께 해준 것에 대한 '고맙다'라는 표현도 사용해 보도록 한다.

(7) 스톡 스필(stock spill)

스톡 스필은 '미리 준비 해둔 대사'라는 테크닉이라고도 한다. 상대방의 기분을 좋게 하기 위한 이해자의 역할로서 누구나 할 수 있고, 누구에게나 들었던 내용이 아닌 '상대방에게만 해당하는 맞춤 대사'를 이용해서 상대방을 잘 이해한다는 표현을 쓰는 것이다. '친구들이 너무 자기한테 의존하는 거 아녜요?', '사실은 ○○씨, 되게 자상한 타입이군요'라는 식으로 누구에게나 듣는 말이 아닌 말하는 사람만이 알고 있다는 방식으로 말하는 것이다.

(8) 섭틀 프레딕션(Subtle prediction)

미래를 예언해서, 그것이 적중하는 것처럼 착각하게 만드는 것으로 심리학에서도 꽤 상급기술에 속하는 것으로 상대방에게 긍정적인 예언을 해주자.

- 긍정의 느낌으로 바꾸기

  예) 고집불통 - 끈기 있는

〈표 10-3〉 긍정의 느낌으로 바꾸기

단점	긍정의 느낌으로
1. 간사한	
2. 아부하는	
3. 경쟁적인(공격적)	
4. 나서는(설치는)	
5. 독재적인	
6. 소심한	
7. 엉뚱한	
8. 수다스러운	
9. 냉정한 차가운	
10. 거만한	

생각해 봅시다!

1. 사람을 처음 만났을 때 Small Talk의 주제가 될 수 있는 것들이 무엇인지 공유하고 팀원들과 Small Talk 하시오.

   (Small Talk로 대화를 이어가면서 적절한 표현 스킬을 모두 사용해 보시오.)

3. 효과적인 질문과 피드백 커뮤니케이션 기술

1) 효과적인 질문

질문은 상호 간의 커뮤니케이션에 있어서 경청 이후에 상대방과의 대화를 깊이 있게 만들기 위한 적극적인 행동이다. 집중해서 듣는 자세뿐만 아니라 상황에 맞는 적절한 질문을 하는 것 또는 원활한 의사소통의 핵심이라고 할 수 있다. 질문의 유형과 내용에 따라서 상대방의 대답이 달라질 수 있기 때문에, 질문을 하기 전에 질문의 유형과 내용에 대해서 생각하고 준비해야 한다.

(1) 효과적인 질문의 조건

질문은 말하는 사람이 스스로 자신의 문제를 인식하고 정리하는 기회를 제공할 뿐만 아니라 자기가 말한 내용에 대해 책임의식을 느끼도록 하는 효과를 가져다준다. 대화내용에 대한 상호 이해의 여부를 확인하도록 하며, 지적 자극을 통해 새로운 가능성을 발견하거나 방법을 모색하는 계기가 되기도 한다.

① 미래지향적이고 긍정적인 질문

- 과거형의 질문은 변명과 핑계를 유도한다. 문제의 원인을 타인에게 전가하기도 하며, 감정적 반응을 하는 경향이 있다. 반면 미래형의 질문은 무엇이든 해결책을 유도하게 되고, 그것을 위해 자기 자신이 무엇을 해야 할지에 대해서 이야기하게 된다.
- 부정형의 질문은 과거형의 질문과 마찬가지로 문제의 원인을 타인에게 전가해서 대답하거나, 해결책의 제시보다는 먼저 '안 된다'라는 부정적인 답변을 유도하는 경향이 있다. 반면 긍정적인 질문은 미래형의 질문과 같이 무언가 해결책을 제시하려 하고, 그것을 위해 자신이 무엇을 해야 할지에 대해 답하게 된다. 그리고 상대의 장점에 대해서도 생각하고 상호 협력할 수

있는 긍정적 방안을 찾으려 한다.

② 구체적이고 본질적인 질문

질문은 구체적 질문인가 추상적 질문인가, 본질적 질문인가 비본질적 질문인가에 따라 본질적인가와 비본질적인가는 질문의 내용이 삶이나 대화의 주제와 직접적으로 연결성을 가지고 있느냐와 관계가 있다. 질문의 내용이 삶이나 대화의 주제와 직접적으로 연결되고 상대로 하여금 새로운 시각을 가지고 깊이 생각하도록 하는 질문은 본질적 질문이고, 그렇지 않고 대화 주제와는 전혀 상관이 없거나 사소한 것에 대한 질문은 비본질적 질문이라 할 수 있다. 대화상황에 따라 달라질 수 있겠지만 원활한 소통을 위해서는 구체적이고 본질적인 질문하는 것이 좋다.

- 구체적이고 비본질적 질문
- 구체적이고 본질적인 질문
- 추상적이고 비본질적인 질문
- 추상적이고 본질적인 질문

③ 폐쇄형보다는 개방형의 질문

질문에 대하여 '예나 아니오'와 같이 상대의 선택을 요구하는 폐쇄형 질문보다는 '어떻게 생각하시나요?', '의견은 무엇입니까?', '어떻게 그런 생각을 하시게 되었나요?'와 같이 상대의 생각과 의견을 구하는 개방형의 질문이 좋다.

특히 코칭을 한다고 가정하면 상대방의 생각을 열게 하는 것이 중요하므로 열린 질문을 한다. 다양한 경우의 수를 생각하고, 여러 가지 방법으로 대답할 수 있는 여지를 준다. 열린 질문은 대부분은 '어떻게'와 '무엇을'이라는 문장을 사용하게 된다. 대부분의 '왜' 질문은 자신을 방어하게 만든다. 같은 상황이라도 어떻게 라는 질문은 이유에 대해 변명하지 않고 미래 지향적으로 문제해결을 위한 방법을 찾아 대답할 수 있게 한다.

왜	어떻게, 무엇을
왜 늦었니?	어떻게 하려고 했니?
왜 그렇게 했지?	어떻게 하면 제 시간을 도착할까?
왜 그걸 하니?	무엇을 하려고 하니?
왜 제때 끝내질 못한 거니?	어떤 장애물이 있니?
왜 그걸 거절했니?	거절하고 난 뒤 어떻게 하려는 생각이니?

2) 효과적인 피드백

피드백은 관찰된 행동이나 목표대비 성과에 대하여 객관적 평가와 의미 있는 메시지를 전달하는 것이다. 피드백은 의사소통 과정에서 서로의 생각과 정보가 분명하게 전달되었는지를 확인해 주는 역할을 한다.

특히 직장에서의 피드백은 특정인의 행동에 대해 상대방이 어떻게 생각하고 있으며 조직에 어떤 영향을 주고 있는지에 대한 정보를 본인에게 알려주는 중요한 소통수단이다. 피드백은 자신의 행동을 되짚어 보고 개선하도록 촉진하며, 성과 달성을 용이하게 해준다.

이와 같이 피드백은 과거 행동이나 성과에 대한 평가, 질책의 의미보다 향후의 성장과 발전을 위한 미래지향적 활동이다. 즉, 피드백은 바람직한 행동이나 성과를 유지, 강화하거나 잘못된 행동, 또는 기대에 미치지 못하는 성과를 개선하기 위한 것이다.

(1) 피드백의 핵심조건

피드백은 오랜 습관을 가지고 이야기 하는 것이 아니며, 구체적인 사례를 놓고 그 안에서 한다. '너는 원래 그래, 왜 그런 행동을 그렇게 자주하느냐'는 식의 일반화하는 말은 상호 인간관계의 오해와 갈등만을 초래할 뿐이기에 반드시 지양해야 한다.

① 객관적 초점

피드백은 객관적 사실에 기초해서 구체적으로 해야 한다. 훌륭한 성과나 바람직한 행동에 대한 칭찬과 인정, 성과 부진이나 잘못된 행동에 대한 개선 요구에 초점을 맞춘다. 상대방의 인격이나 능력에 대한 판단이 되어서는 안 되며, 과거의 일을 다시 제기해서는 안 된다. 피드백은 당면한 문제에만 초점을 맞추는 것이다. 특히 화가 났을 때나 감정이 좋지 않을 때는 옛일을 들먹이지 않도록 한다.

② 적합한 메시지

피드백은 행동 개선이나 성과 부진을 해소할 수 있도록 유용한 정보나 실질적 조언을 제시해야 한다. 피드백 상황에서 적합한 메시지를 담고 있어야 한다.

상대방의 능력 수준에 맞추고, 상대방이 소화할 수 있도록 2~3개 정도를 제공하는 것이 바람직하다. 적합한 메시지가 있는 피드백을 위해서는 일관성, 수용성, 현실성의 세 가지를 갖추는 것이다.

③ 적절한 타이밍

피드백은 시기가 적절한 상황이여야 한다. 타이밍은 시간적 의미와 상대방이 피드백을 받아들일 수 있는 마음의 상태와 같은 심리적 요인과 피드백 장소, 분위기 등과 같은 물리적 환경도 포함한다.

(2) 피드백의 목적

① 긍정적 피드백

긍정적 피드백은 상대방의 장점에 입각해서 칭찬과 인정을 해 주는 것으로 자신감을 강화시켜 주는 효과가 있다. 행동 자체와 그 행동이 미치는 영향에 대해 구체적으로 언급하면서 신뢰를 보여주고 칭찬을 한다.

- 행동 : 구체적이고 과제에 대해 긍정적 행동에 대해 언급한다.

- **의도** : 언급한 것에 대해 이해했는지 확인한다.
- **영향** : 긍정적인 행동이 어떤 영향을 미치는지 언급한다.

② 발전적 피드백

발전적 피드백은 개선이나 발전이 필요한 부분을 구체적으로 언급하여 실행에 연결되도록 연결함으로써 변화와 성장을 이루도록 지원한다. 발전적 피드백은 서로를 위하고 있다는 믿음이 기반이 되어야 효과가 있고 지속적 관계에서 유용하게 작용한다. 발전적 피드백의 요소는 지원, 제안, 비중이다.

- **지원** : 상대방의 성장과 변화를 위하는 따뜻한 마음을 표현할 것
- **제안** : 적정한 방법을 제안할 것
- **비중** : 긍정적 피드백을 주는 절반 이하의 비중으로 제공할 것

(3) 피드백의 유형

구분	개념	영향
강화	적극적인 피드백으로 바람직한 행동이나 결과에 대해 이야기하여 지지, 격려한다.	상대방의 자신감을 높이고 동기를 강화시킨다. 성과가 향상된다.
조언	기대에 미치지 못하는 행동이나 결과에 대해 이를 개선, 보완하기 위한 방법을 권유하거나 제안한다.	행동을 교정하고 성과를 향상시킬 수 있다.
침묵	아무런 반응을 하지 않는다.	자신감이 떨어지고 불안감을 초래한다.
비난	기대에 미치지 못하는 행동이나 결과에 대해 규명하고 지적하고 질책한다.	변명이나 핑계, 저항을 가져온다. 행동이나 성과를 왜곡한다. 상황을 회피한다. 관계를 악화시킨다.

생각해 봅시다!

발전적 피드백과 긍정적 피드백에 대해서 생각해 보고 팀원들과 한 사람씩 돌아가며 발전적 피드백과 긍정적 피드백을 하시오.

올바른 질문

"답을 찾기 위해서는..."
현자가 말했다.
"먼저 올바른 질문이 있어야 합니다.
마법사는 올바른 질문을 얻기 위해
강물 소리에 귀 기울이고
있는 것입니다."

고도원의 아침편지 - 레너드 제이콥스의《마음은 도둑이다》중에서 -

* 질문이 잘못되면
대답도 엉터리가 되고 맙니다.
올바른 질문이어야 올바른 해답을 얻을 수
있습니다. 올바른 질문 속에 답은 이미
나와 있습니다. 강물도 알고 있는 답을
사람들만 모르기 쉽습니다.
(2014년 8월15일자 앙코르메일)

11 Chapter

설득 커뮤니케이션

1. 설득력의 원천

1) 인간행동의 다양성

2) 설득력의 원천

2. 설득의 심리학

1) 상호성의 원칙

2) 선택적 인식의 원칙

3) 일관성의 법칙

4) 호감의 원칙

5) 사회적 증거의 원칙

6) 권위의 원칙

7) 희소성의 원칙

3. 설득의 기술

1) 설득의 기본요소

2) 설득의 기술

3) 효과적인 주장을 위한 AREA 법칙

4) 반론을 극복하는 방법

5) 비평을 받아들이는 요령

설 득 커 뮤 니 케 이 션

Chapter

11

학습목표

1. 설득력의 힘과 원천을 이해하고 설명할 수 있다.
2. 설득의 심리학을 이해하고 활용할 수 있다.
3. 아리스토텔레스 설득의 기본원칙을 이해하고 설득전략을 활용할 수 있다.

1. 설득력의 원천

1) 인간행동의 다양성

편의점에서 판매되는 생수에 관련된 재미난 기사가 있다.

시중 편의점에서 판매 중인 롯데칠성음료 '아이시스'와 세븐일레븐의 자사브랜드 '깊은 산속 옹달샘 물'은 1100원과 900원에 판매되며 여기서 인간은 의사결정에 있어서 다양한 행동을 보인다. 2014년 3월 29일 조선일보 기사에 따르면 시중 편의점마다 가격이 다르다고 한다. 그러나 수원지(水源池)는 경기도 양주시 남면으로 동일하며 칼슘과 나트륨, 칼륨, 마그네슘 등 5가지 무기물 함량은 물론 제조업체도 동일하다고 한다.

롯데칠성음료가 비무장지대에서 생산된 청정수라고 판매하는 '아이시스 DMZ'는 1400원, GS25 자사브랜드인 '함박웃음 맑은 샘물'은 1000원에 판매하여 400원의 가격차이가 나지만 역시 경기도 연천군 백학면의 '록인음료'란 중소기업이 뽑아낸 생수를 똑같이 사용한다.

환경부의 자료를 보면 국내 67개 생수 제조업체 중 같은 물을 2개 이상의 브랜드로 만들어 파는 업체는 59개이며 판매 회사들이 다른 물맛을 강조하지만 사실은 한 곳의 수원지에서 뽑아낸 같은 물로 만들어 포장 경쟁만 하고 있다.

한 생수 제조회사 임원은 "유통업체가 비싼 상품을 원하면 프리미엄급으로 포장하고, 싼 상품을 원하면 브랜드를 바꿔 납품한다"고 했다. 같은 물을 쓰는 생수 값이 다르게 판매되는 것에 대해 한 번쯤 시사하는 점을 생각해 볼 필요가 있겠다.

(1) 경제적 합리성 근거

인간은 어떤 의사결정을 할 때 합리주의적인 인간을 가정한다는 것이다. 이는 최소의 투입(비용)으로 최대의 효과(산출)을 얻으려고 한다는 경제성 모델에 근거한다. 사람은 누구나 의사결정할 때 가능한 많은 대안들을 모색하고, 평가하며 경제적으로 최적의 대안을 선택한다고 보는 것이다.

(2) 제한된 합리성 근거

인간의 행동에 대해 인식하는 다른 시각은 사이먼(Simon, H. A.)의 어떤 선택을 할 때 이성에 따른 경제적, 합리적 결정만을 하는 것은 아니라고 보는 제한된 합리성 모델이 있다. 이것은 최적의 대안 선택에 이어서 개인의 성격차이, 인지능력의 한계, 정보 접근성의 한계와 부정확성, 선택결과에 대한 불확실성 지각, 시간적 한계 등으로 불가능하다는 것이다.

인간은 합리적인 이해득실만을 따져서 행동하지 않으며 사람과 상황, 경제적인 측면 외에도 명예나 체면과 같은 심리적 요인이 선택에 매우 크게 작용할 수 있다는 것이다. 우리가 제품을 구매할 때 외형이나 기능과 같은 효용성이나 가격, 접근성에 의해 구매를 결정하기도 하지만 기능이나 가격보다는 기업의 브랜드 이미지나 주변의 구전에 의해서 결정하는 경우도 많다. 이와 같이 제품이나 서비스가 제공하는 정서적 가치 때문에 구입하는 것을 친밀성에 의한 구매행위라고 한다. 예를 들어 로또를 살 때 바늘구멍에 낙타가 지나가는 것과 같은 작은 확률이라는 것을 알면서도 수많은 사람들이 로또를 구매하는 이유는 순간에 느끼는 '선택의 즐거움'과 '추첨 일까지 기대희망'이라는 정서적 가치 때문에 비합리적인 구매행위를 계속하고 있는 것이다.

2) 설득력의 원천

(1) 합법성의 힘

사람들이 이의를 제기하지 않고 당연하다고 믿거나 인정하는 법, 규정, 규범 등으로부터 나오는 힘이다. 법대로 원칙대로 하는 것이 문제나 갈등상황에서는 중요한 해결의 역할을 한다. 그러나 모든 규정과 규범, 규칙에는 예외가 있고 상황과 시간에 따라 변화하기도 하므로 합법성에 도전하여 원하는 것을 얻을 수 있다.

(2) 윤리성의 힘

도덕적, 윤리적 기준에 따라 나오는 적합한 힘이다. 도덕성에 못지않게 일상에 영향을 미치는 것이 체면의 힘이다. 특히 우리나라 사람들은 생활 전반에도 체면에 신경을 쓴다. 존중받기 위해서, 품위 있게 보이기 위해서, 바른 사람이 되려면, 유능한 사람이라면 등의 표현은 체면의식을 이용한다고 하겠다.

(3) 전문성의 힘

전문적인 지식이나, 기술, 경험, 노하우 또는 독점적 정보에 바탕을 둔 힘이다. 교수, 의사, 변호사, 컨설턴트, 연구원 등의 전문직 종사자는 물론 조직 내에서 중요한 프로젝트를 수행한 사람이나 보직을 맡은 사람들이 힘을 발휘하는 경우를 종종 볼 수 있다.

(4) 선례의 힘

관행이나 과거의 사례 등으로부터 나오는 힘이다. 마땅한 선택의 기준이 없는 관계나 과거 사례, 또는 국내외를 참고하여 일을 처리하는 경우가 이에 해당한다.

(5) 끈질김의 힘

인내를 가지고 오래 버팀으로써 목적을 달성하는 경우이다. 일을 한 번 시작하면 끝을 보고 마는 강인한 의지와 실행력은 다른 사람들로 하여금 카리스마를 느끼게 하여 힘을 발휘하도록 한다.

생각해 봅시다!

어떤 결정을 할 때 '제한된 합리성 모델'에 근거하여 의사결정을 했던 사례를 생각하고, 이유에 대해서 이야기 나눠 보시오.

2. 설득의 심리학

1) 상호성의 원칙

Give and Take원칙이라고도 하는 이 원리는 우리는 다른 사람이 베푼 호의를 그대로 갚아야 한다는 것이다. 친구가 생일을 기억하고 생일선물을 보내면 자신도 친구의 생일을 기억하고 생일날 선물을 보내야 하며, 어떤 사람이 저녁시간에 초대하면 언젠가는 그를 저녁식사에 초대해야 한다는 것이다. 상호성의 원칙은 지속적인 사회적 교환이 유지되려면 교환, 호혜, 관계라는 세 가지 측면이 중요하다. 즉, 교환이 발생하되 서로에게 혜택이 되는 호혜적 교환이 일어나야 하고, 호혜적 교환이 장기간에 걸쳐 발생함으로써 조화로운 관계를 형성해야 한다는 것이다. 사회적 교환에서 가장 중요한 것은 교환 당사자 간의 신뢰이다.

2) 선택적 인식의 원칙

사람들이 어떠한 사물이나 현상을 있는 그대로 정확하게 인식하는 것이 아니라 개인의 가치관이나 신념, 욕구, 관심, 경험 등에 따라 선택적으로 인식한다는 것이다. 인간은 자신이 좋아하는 사람의 이야기에 귀를 기울이고 그 내용 또한 자기 좋을 때로 해석하는 경향이 있다. 어떤 사람에 대해 좋은 감정을 가지고 있으면 상대방의 말을 들을 때에도 긍정적으로 듣고 나쁜 감정을 가지고 있으면 부정적으로 듣는다.

3) 일관성의 법칙

사람들은 일관성을 유지하려는 심리가 있다. 일관성이란 두 개 이상의 요소가 서로 일치하는 정도이다. 말과 말, 말과 행동, 신념과 태도, 태도나 신념들과 행동

사이의 일관성이 유지되어야 마음이 편하다는 것이다. 그래서 '한 입 가지고 두말하지 마라', '언행일치'해야 한다는 것은 설득할 때 일관성의 심리를 이용하는 것이며, 신뢰를 결정하는 요소이기도 하다.

4) 호감의 원칙

사람들은 누구나 자신에게 호의적인 사람, 친근한 사람에게 호감을 느끼는 경향이 있다. 같은 업종, 같은 고향, 같은 학교, 같은 입장과 생각이라든지 뭔가 상대방과 일치되는 면이 있으면 호감을 느끼기에 상대방의 화제에 동감을 표시함으로써 정서적인 동질감을 이끌어 낸다.

5) 사회적 증거의 원칙

다수의 편에 함께 있어서 심리적 안정감을 느낀다는 모방심리와 안전 욕구 심리에서 기인한 것이다. 물건을 살 때 유행상품이라든지, 맛집 검색으로 한 번쯤 많은 사람이 머문 곳에 동참하고자 하는 것 또한 사회적 증거의 원칙과 관련이 있다.

6) 권위의 원칙

사람들은 권위에 약하다. 가끔은 전문가도 잘못된 생각이나 주장을 할 경우가 있음에도 나보다 많은 지식이나 힘을 가지고 있는 사람은 무조건 옳다고 생각하는 경우가 있다. 미국 보건성의 보고에 의하면 환자의 투약과정에서 매일 평균 12%의 실수가 발견되었다고 한다. 이것의 원인은 다양하지만 투약 사고의 가장 중요한 부분은 병원 근무자들이 환자 주치의의 지시에 너무나 맹목적으로 복종하고 있기 때문이라고 한다. 하나의 사례로 투약을 위한 처방전에 'Place in Right ear.(오른 쪽 귀에 투약하시오)'라고 쓰는 대신 의사는 약식으로 'Place in R ear.'라고 적었다. 의사의 처방전을 본 간호사는 의사의 처방전을 'Place in Rear.(뒤에, 항문에 투여하시오)'라고 오해하여 귀에 넣어야 할 약을 환자의 항문에 집에 넣은 경우가 있었다.

7) 희소성의 원칙

"마지막 기회입니다."라는 홈쇼핑이나 매장의 직원의 목소리에 마음이 흔들린 경험이 있을 거다. 사람들은 희소성이 있는 것일수록 가치를 높게 평가하는 경향이 있다.

생각해 봅시다!

다른 사람을 설득할 때 본인 설득의 원천으로 자주 사용하는 힘과 개발해야 힘에 대해 공유하고, 설득의 원칙에 의해 설득당했던 사례를 생각해 보고 이야기 나눠 보시오.

3. 설득의 기술

1) 설득의 기본요소

설득시키는 방법은 다양하다. 상대방에 따라 매우 다양하고 이성적인 요인과 감정적인 요인이 함께 작용한다. 아리스토텔레스는 설득의 기본요소로 에토스(Ethos), 파토스(Pathos), 로고스(Logos)로 구분하고 있다.

(1) 에토스(Ethos)

말하는 사람이 전하는 메시지의 신뢰성. 즉, 말하는 사람의 인격과 신뢰감

(2) 파토스(Pathos)

상대방을 설득하기 위해 사용하는 감정적인 도구. 즉, 정서적 호소와 공감

(3) 로고스(Logos)

논리적이고 이성적으로 말하는 사람의 주장을 실증하는 도구방법. 즉, 논리적 뒷받침

2) 설득의 기술

(1) 이심전심

- 문자나 언어 없이 상대방을 깨닫게 한다.
- 손짓, 미소, 표정, 자세 등 비언어적 커뮤니케이션을 사용하여 메시지를 전달한다.
- 시각에 호소하는 언어를 사용한다.
- 상대방의 관심거리를 화제로 삼는다.

(2) 역지사지

- 다른 사람의 처지에서 생각한다.
- 호혜관계를 유지한다.
- 상대에 대한 따뜻한 배려로써 설득한다.
- 비난하고 강요하기 전에 상대의 마음을 헤아리는 모습을 보여준다.

(3) 감성자극

- 다양한 채널로 접근하여 감성을 자극한다.
- 이메일, 편지, 문자 등 감성에 호소한다.

(4) 촌철살인

- 상대의 의도를 간파하는 짧은 한 마디의 말을 사용한다.
- 전문가 및 유명인사의 말을 인용하여 권위와 사회적 입증을 한다.

(5) 은근과 끈기

- 헌신과 일관성을 유지한다.
- 애정을 바탕으로 조금씩 마음이 열릴 시간적 여유를 주어야 한다.
- 여러 번 설득의 기회를 갖는 것이 중요하다.

(6) 차분한 논리

- 본인의 이야기에 반대하는 상대방을 논리적으로 설득하려 노력한다.
- 실질적인 예시를 준비한다.
- 숫자 등 구체적인 자료를 제시한다.
- 반론에 대한 데이터를 준비한다.

(7) 충분한 준비

대화내용을 충분히 준비하고 풍부하게 하여 능동적으로 임한다.

(8) 시간의 제한

시간을 맞춰 설득내용을 합리적으로 안배하고 전략을 수정하면서 한다.

(9) See - Feel - Change

설득은 보고, 느끼고, 변화가 중요하다. 즉, See는 시각화하여 직접 보게 하여 이해시키며, Feel은 스스로가 느끼게 하여 감동시키고, Change는 변화시키는 것이다.

3) 효과적인 주장을 위한 AREA 법칙

Assertion(주장)	주장의 핵심 부분으로 결론을 먼저 말한다.
	"○○는 ○○이다", "○○는 ~한다"
Reasoning(이유)	그 이유를 설명한다.
	"왜냐하면 ~다"
Evidence(증거)	그 이유와 주장에 관한 증거나 실례를 제시한다.
	"예를 들어 ~이다", "그 증거로 ~이다"
Assertion(주장)	다시 한 번 주장함으로써 자신의 주장을 확고히 한다.
	"그러므로 ~이다", "따라서 ~해야 한다"

4) 반론을 극복하는 방법

(1) 말할 타이밍을 본다

상대방의 말을 주의 깊게 들으면서 내가 말해야 할 타이밍을 본다.

(2) 긍정으로 시작한다

우선 상대방의 주장 가운데 동의할 수 있는 부분에 대해 긍정적인 반응으로 시작한다.

(3) 반론내용을 명확히 한다

상대방 주장의 허점이나 모호한 점, 모순점 등을 질문의 형태로 지적한다.

(4) 반대하는 이유를 설명한다

상대방의 주장보다 나의 생각과 주장이 우월한 점을 설명하며, 상대방의 주장을 받아들일 수 없는 이유를 말한다.

(5) 반론을 요약해서 말한다

논증이 끝나면 다시 한 번 반론의 내용을 요약해서 되풀이하여 호소력 있게 말한다. 그러나 상대방이 나의 반론을 수락할 때까지 반복적으로 주장하는 것은 좋지 않다.

■ 바트나(BATNA)

최선의 대안(Best Alternative To a Negotiated Agreement)의 약자로서 협상자가 합의에 도달하지 못할 경우 택할 수 있는 다른 좋은 대안 차선책을 말한다.

바트나보다 나은 제안이면 협상을 진행하는 것이 의미가 있지만, 바트나보다 못한 제안이 계속 제시되면 협상을 결렬시키는 것이 더 낫다는 판단을 할 수 있다. 바트나가 있으면 협상을 계속할 것인지 말 것인지 양보를 하더라도 어느 선까지 양보를 할 것인지에 대한 객관적인 기준, 판단근거가 생긴다는 장점이 있다. 그러나 바트나는 주어지는 것이 아니므로 바트나가 없다면 바트나를 만들고 바트나가 좋지 않을 때는 끊임없이 개선해 나가야만 협상에서 좋은 결과를 기대할 수 있다.

5) 비평을 받아들이는 요령

비평을 받았을 때 먼저 그 비평의 타당성 여부를 판단한 뒤 그 비평이 타당하지 않다고 생각되는 경우 그것의 반론을 제기하고 반문할 수 있다. 그러나 타당한 비평인 경우에는 구제적인 조언을 구해본다. 물론 상대방의 대안을 반드시 받아들여야 한다는 것은 아니다. 경청하고 나서 건설적이고 진심의 비평을 해준 상대방의 의견에 감사를 표한다.

① 자기 비판적이거나 자기 변명적인 말을 장황하게 늘어놓지 않는다.
② 비평이 불명확할 때는 명확하게 이야기해 줄 것을 부탁한다.
③ 만일 본인이 다른 견해를 가지고 있을 때는 비평에 대해서 공격을 하지 말고 본인의 의견을 밝히는 것이 좋다.

생각해 봅시다!

의견이 다른 부모님이나, 선배님, 친구와의 관계를 설정하고 상대방을 어떻게 설득할 수 있는지 기술하고 이야기 나눠 보시오.

○ 쉬어갑시다 ○

푸딩 맛이 어떤가는 먹어봐야 안다.

서양 사람들은 식사를 끝낸 후 흔히 푸딩을 먹는다. 푸딩을 먹어 본 적이 없는 사람은 푸딩 맛이 어떤 지 알 수 없다, 어떤 사람의 말을 들으면 푸딩을 말랑말랑하고 단맛이 나고 맛있다고 하며, 어떤 사람은 물컹물컹 짠맛이 나고 이상한 맛이라고 한다. 도대체 누구의 말이 옳은지 판단할 수 없다.

영국는 "푸딩 맛이 어떤가는 꼭 먹어봐야 안다"는 속담이 있다. 다시 말하면 푸딩을 먹어 봐야만 그 맛이 어떤가를 증명할 수 있다는 것이다. 푸딩 맛이 어떤가는 먹어 봐야 한다는 말을 철학용어로 바꿔 말하면 '실천이 진리를 검증하는 기준'이라는 것이다.

진리를 객관 사물 및 그 법칙에 대한 정확한 인식과 반영이 객관적 실체에 부합 되는가 부합되지 않는가를 어떻게 판할 것인가"? 진리와 오류를 어떻게 구별 할 것인가? 이것이 진리를 검증하는 기준의 문제이다. 진리의 기준으로 역사적으로 여러 가지 견해가 있었는데 주관적 기준과, 객관적 기준으로 나눌 수 있다.

주관적 기준을 주장하는 사람들은

첫째 '권위'를 기준으로 삼는 것이다.

둘째 '자기의 의견'을 기준으로 삼는 것이다.

셋째 '다수의 의견'을 기준으로 삼는 것이다.

넷째 '유영성 여부'를 진리의 검증 기준으로 삼는 것이다.

객관적 기준을 주장하는 사람들은 실천만이 진리를 검증하는 유일한 기준이라고 주장한다. 실천의 토대 위에서 나온 올바른 이론(과학)은 행동의 지침이 되며, 행동이 사전에 일정한 계획성을 갖게 한다. 그러나 실천은 인류의 모든 인식을 다 실증 할 수 없으며, 계속 실천의 검증을 받아야 하기에 기준은 상대적이다.

그러므로 '실천이 진리를 검증하는 유일한 기준'이라는 것은 '확정성'과 '불확정성' 즉 절대성과 상대성의 변증법적 통일의 입장에서 파악해야 한다는 점을 인식하자.

- 이야기속의 철학(김득순지음) 중에서

12 Chapter

감성과 스트레스 관리

1. 감성의 이해

2. 감성지능

1) 감성지능의 개념

2) 감성지능의 하위요인

3) 감성지수의 요소

3. 스트레스 관리

1) 스트레스의 이해

2) 스트레스 관리의 중요성

3) 스트레스의 원인

4) 스트레스가 미치는 영향

5) 스트레스 극복

Chapter 12

감성과 스트레스 관리

학습목표

1. 감성지능을 이해하고 감성지수를 향상시킬 수 있다.
2. 스트레스의 개념과 이해를 통해 스트레스 관리를 할 수 있다.
3. 셀프 리더십을 통해 변화와 자기관리를 할 수 있다.

1. 감성의 이해

감정이란 간단히 말해서 '현재 느끼는 것'이다. 즉, 어떤 때는 행복하고 어떤 때는 걱정하거나 어떤 때는 당황하거나 어찌할 바를 모르겠는 경우도 있다는 것은 느끼는 것을 말한다. 이런 감정이 느껴졌을 때 감정의 반사적 반응행동을 가치 있게 여기는 행동으로 바꾸는 의도성(Intentionality)이라는 스킬은 중요하다. 감성은 어린아이 같아서 연상작용을 잘하고, 종종 과거와 현재를 구별하지 못하는 실수를 범하기도 한다. 어떤 사건의 일부분이 감정과 연관되어 기억된 정보와 유사한 경우 감성마음은 현재의 상황이 마치 과거의 상황 인양 반응한다는 것을 인식해야 한다.

감정은 현재 상황과 과거 상황을 구분하고 조절하는 것이 매우 중요하다.

2. 감성지능

1) 감성지능의 개념

감성이란 사전적 의미로는 '자신과 다른 사람의 감정을 이해하는 능력과 삶을 풍요롭게 하는 방향으로 감정을 통제할 줄 아는 능력'이라고 정의하고 있다. 감성지수와 지능지수와는 전혀 다른 지능으로 마음의 지능지수로 볼 수 있다. '감정지능(EI)'은 자신이나 타인의 감정을 인지하는 개인의 능력을 나타내는 용어이다.

그러므로 감정지능은 자신과 타인의 감정을 잘 통제하고 여러 종류의 감정들을 잘 변별하여 이것을 토대로 자신의 사고와 행동을 방향지을 근거를 도출해내는 능력으로 볼 수 있다.

이 용어는 심리학자이자 과학언론인인 다니엘 골먼(Daniel Goleman)이 쓴 책으로 인해 중요성을 인정받았다. 그동안의 연구들에 의하면, 높은 감정지능을 갖춘 사람은 더 정신건강 상태가 좋고, 더 나은 업무 수행과 더 강한 리더십 기술을 갖고 있음을 보여주고 있다. 예를 들면, Goleman의 저서에 있는 연구(Working with Emotional Intelligence)에 따르면 감정지능은 리더가 우월한 성과를 내기 위해 필요하다고 여겨지는 능력의 67%를 차지한다. 그리고 기술적 전문지식이나 IQ보다 두 배 더 중요하다고 기술하고 있다.

다니엘 골만에 의하면 감성지능을 아래와 같이 정의한다.

- 자신의 진정한 기분을 자각하여 이를 존중하고 진심으로 납득할 수 있는 결단을 내릴 수 있는 능력이다.
- 충동을 자제하고 불안이나 분노와 같은 스트레스의 원인이 되는 감정을 제어할 능력이다.
- 목표 추구에 실패했을 경우에도 좌절하지 않고, 자기 자신을 격려할 수 있는 능력이다.
- 타인의 감정에 공감할 수 있는 공감능력이다.

- 집단 내에서 조화를 유지하고 다른 사람들과 서로 협력할 수 있는 사회적 능력 등이 있다.

2) 감성지능의 하위요인

구분	내용
1요인 : 정서 지각, 평가, 표현 (Emotional Perception & Identification)	어떤 대상이나 예술작품, 이야기나 음악 등 다른 자극에서 유발되는 정서뿐만 아니라 자신과 타인의 정서를 지각하는 능력이다. 감정을 표정이나 몸짓으로 나타내는 것, 감정에 주의를 기울이는 것, 얼굴 표정, 목소리 톤, 예술작품 등의 정서적 메시지를 지각하는 것을 포함한다. 가장 기본적이고 기초적인 감성반응으로서 감정을 지각하고, 표현하는 능력으로부터 시작되며, 이 능력이 없이는 감성지능이 시작될 수 없다.
2요인 : 정서 사고 촉진 (Emotional Facilitating of Thought)	정서가 인지체계 안에 들어가서 감정을 의사소통하기 위해서 또는 인지과정에 사용하기 위해서 필요할 때 정서를 유발하고 사용하고 느낄 수 있는 능력이다. 정서에 사고과정이 포함되어 정서정보를 활용하여 사고의 우선순위를 정한다든지 정서정보를 활용하여 판단하고 기억하고, 다양한 관점을 취하고 문제해결을 촉진하게 된다. 인지적 사고과정을 촉진하기 위해서 정서정보를 활용하게 되는데 어떻게 정서가 인지체계 안으로 들어가서 사고를 돕고 인지에 영향을 주는지가 이 영역에서의 주된 관심이다.
3요인 : 정서 이해 (Emotional Understand)	정서정보를 이해하고 어떻게 정서가 관계를 통해서 혼합되고 진행되고 전이되는가, 시간에 따라 정서가 어떻게 변하는가를 이해하는 능력 및 정서적 의미를 이해하는 능력이다. 정서를 이해하고 추론할 수 있으며 이 능력을 통해 인간의 본질과 대인관계의 본질을 이해할 수 있다.
4요인 : 정서 조절 (Emotional Management)	개인적인 성장과 이해를 증진시키기 위해서 자신의 타인의 감정에 개방적이며 이를 조절할 수 있는 능력이다. 이러한 반영적 정서조절능력은 정서를 지각하는 능력이 바탕이 되고 그 다음으로 정서의 변화를 사용하여 사고를 촉진하고 정서를 완전히 이해할 수 있는 능력이 획득되고 정서를 완전히 이해할 수 있어야 도달할 수 있는 능력으로 정서를 완전히 조절하고 다루는데 필수적인 지식을 가지게 되는 것이다. 감성지능이 높은 사람은 불안정한 기분의 상태를 잘 조절할 수 있고, 기분에 대한 상당한 이해를 가지고 있다고 볼 수 있다.

3) 감성지수의 요소

(1) 자기인식지능(Self-awareness)

① 다른 사람들에 대한 자신의 영향뿐만 아니라 기분, 감성 및 동인(Drives)을 인지하고 이해하는 능력, 즉 자신의 감정을 빨리 인식하고 알아차리는 능력이다. 자기감정인식은 자신에 대해 얼마나 잘 알고 있는가에 대한 지능이다. 감정인식지수가 높은 사람은 자신에 대해 잘 알고 있기 때문에 모든 의사결정 순간에 정확하게 자신에게 맞는 상황을 선택하는 능력이 있다.

② 자신감이나 현실적인 자기 평가, 자신의 중요성을 최소화하는 유머감각의 특질을 가진다.

(2) 자기감정조절지능(Self - Regulation)

① 자기감정조절은 상황에 맞는 자기 감정절제력에 대한 내용이다. 자신의 감정에 따라 즉각적으로 행동하는 것을 자제하고 표현할 수 있는 능력이며, 파괴적인 충동, 기분을 통제하거나 방향을 바꾸는 능력으로 행동하기 전에 판단을 보류하는 성향이 있다. 이것은 상황과 분위기에 맞게 자신을 조절하지 못하여 타인에게 불쾌한 감정을 전이하거나 타인을 공감하지 못하는 상황을 자주 발생시키는 사람은 주변 사람들에게 불편함을 준다. 감성지능의 핵심지능이라고 할 수 있다.

② 신뢰와 성실성, 모호함에서의 편안함, 변화에의 개방성의 특질을 가진다.

(3) 자기동기화지능(Motivation)

① 자기동기화는 힘들고 어려운 상황에서 어떻게 스스로에게 힘을 줄 수 있는 끈기와 인내의 능력이다. 돈이나 지위를 초월하여 일을 하는 열정으로서 자신의 감정을 다스리고 자기 스스로 동기부여 하는 것을 포함한다. 확실한 목표를 가지고 잘 참아내서 성취하는 기쁨을 느낄 줄 아는 사람은 그렇지

못한 사람보다 성공 가능성이 높을 수 있다.

② 에너지와 인내를 갖고 목표를 추구하는 성향, 강한 성취욕구, 실패에 직면하여서도 낙관과 조직에 헌신하는 특질이 있다.

(4) 감정이입지능

① 타인의 감정을 읽고 타인이 원하는 바를 알아서 행동해 주고 공감할 수 있는 능력이다. 타인의 감성적 기질을 이해하기에 사람들의 감성적 반응에 따라 표현하고 대우해 줄 수 있는 스킬이다. 이것은 타인에게 위로가 되어 줄 수 있으며 좋은 인간관계를 가질 수 있게 한다.

② 재능을 구축, 보유하는 전문적 지식과 서로 다른 문화 간의 민감성과 클라이언트 고객서비스에 특질을 가진다.

(5) 사회적 상황판단지능

① 상황에 맞는 행동과 대안을 제시하는 유연하고 현명한 행동능력으로 관계를 관리하고 네트워크를 구축함에 있어서 능숙한 스킬이다. 타인과 공통점을 발견하고 친근한 관계를 구축하는 능력이다. 고정관념이나 선입관에 매어 있지 않고 항상 주변상황에 맞게 대처한다면 충돌도 많이 피할 수 있다.

② 변화선도에 있어서의 유효성과 설득력, 팀 구축 및 리드하는 전문적 지식, 기술을 특질로 한다.

생각해 봅시다!

감성지능의 항목에서 본인이 부족하다고 생각하는 부분과 그 부분의 지능을 높이기 위해서는 어떤 방법이 좋을지 공유하시오.

3. 스트레스 관리

1) 스트레스의 이해

스트레스란 '팽팽하게 조이다'라는 뜻의 라틴어 Stringere에서 유래한 것으로 "내적 혹은 외적 자극에 대한 모든 비구체적인 반응"을 말한다. 1954년 캐나다 의사 한스 셀리(Hans Selye)가 처음 사용했으며 "만병의 근원", "조용한 살인자" 로 불린다.

특히 내과 입원 환자의 70% 스트레스와 연관되어 있다고 한다.

사전적인 의미로 본다면 적응하기 어려운 환경에 처할 때 느끼는 심리적, 신체적 긴장상태를 말하며 지금 자기에게 부과된 요구수준과 이 요구에 부응할 수 있는 자신의 능력 간에 어떤 불균형을 지각할 때 일어나는 생리적 · 심리적 반응으로 위기상황에 대한 방어체계를 말하는 것이다.

[그림 12-1] 스트레스 구성요소

2) 스트레스 관리의 중요성

스트레스는 신체적 · 정신적 건강을 해칠 뿐만 아니라 조직의 능률을 저하시킨다. 일상생활이나 조직생활 속에서 누구나 수많은 스트레스를 겪게 되며, 급속도로 변화하는 환경에서 직무상 역할 과중이나 역할 과소로 인하여 스트레스는 점점 더 증가되고 있다. 적당한 스트레스는 개인의 심리적 성장, 창의적 활동, 새로운 기술 습득 등을 가능하도록 긴장상태를 유지시켜 주지만 과도한 스트레스는 피곤함, 무기력함, 좌절감, 소외감 등을 야기시켜 우리 인간에게 신체적 · 정신적 건강에 악영향을 줌으로써 개인생활 뿐 아니라 사회생활에서도 많은 지장을 초래한다.

개인이나 조직에 있어서 스트레스는 공기와 같아 언제 어디서든 누구든지 경험하는 인생의 한 부분이기 때문에 스트레스에 관련해서 '스트레스에서 완전히 해방은 죽음'이라고 말하기도 한다. 직장인의 경우 갈등이 개인의 생활에서는 물론 조직 내에서의 생활에서도 중요한 부분이듯이 직무 스트레스도 피할 수 없는 직장생활의 동반자가 되고 있다. 한 통계에 의하면 '상사, 부하, 동료와의 갈등 37.3%, 조직 내에서의 역할 24.2%, 업무과중 11.3%, 적성불일치 10%, 승진과 이동에 대한 부담 7.7%, 열악한 직무환경 4.7%'로 나타났다. 우리나라의 40대와 50대 남자들의 사망률이 세계적으로 가장 높다는 통계보고도 있는 현실이다.

직장인이 경험하는 직무스트레스의 결과는 개인의 건강을 해치는 것은 물론 결과적으로 조직에서도 비용 증대와 생산성 저하 등의 부정적인 영향을 미치게 되고 사회에도 심각한 문제가 되고 있다. 이처럼 생활에서도 조직에서도 직무스트레스는 피할 수 없는 직장생활의 중요한 동반자가 되고 있으며 일상적 스트레스 뿐 아니라 직무스트레스는 원만한 인간관계 유지를 위해서도 중요하게 관리되어야 한다.

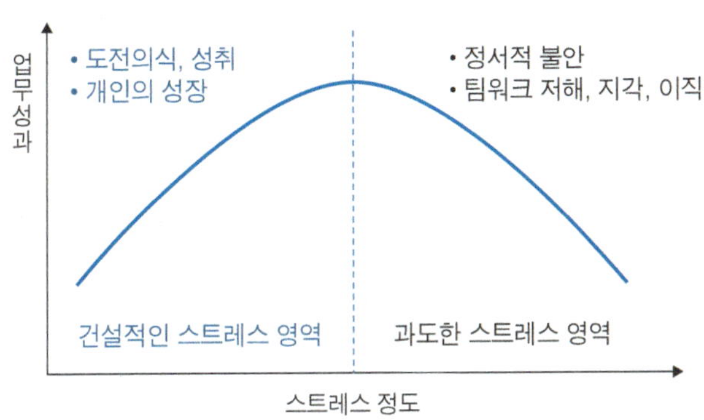

[그림 12-2] 스트레스와 직무수행과의 관계

직무스트레스의 특성 중 가장 중요한 것은 양면성을 가지고 있다는 것이다. 그것은 그 자체로 좋거나 나쁜 성질의 것이 아니다. 스트레스가 없거나 낮은 그리고 지나치게 높거나 많아서 해로운 스트레스를 '디스트레스(Distress)'라는 개념으로, 그리고 적정수준이여서 유익한 것을 '유스트레스(Eustress)'라는 개념으로 구분하여 부정적인 측면과 긍정적인 측면으로 구분되고 있다. 따라서 직무스트레스의 이 같은 양면성을 학자에 따라 건설적 또는 파괴적, 그리고 기능적 또는 역기능적, 그리고 긍정적 또는 부정적이라는 대조적인 개념으로 거론되고 있다.

3) 스트레스의 원인

스트레스는 누구에게나 존재하지만 내성적이고, 화를 잘 내며, 예민, 결벽증, 경쟁심이 과도하게 강한 사람일수록 스트레스에 노출된다.

(1) 외적인 스트레스

① 경제적 · 사회적 · 정치적 및 기술적인 변화와 불확실성 등을 내용으로 한 환경적인 원인

② 물리적인 것(소음, 조도, 온도, 공해 등)과 개인생활에서의 삶의 내용으로 하는 직무외적인 원인

(2) 내적인 스트레스

① 조직차원의 스트레스

핸디(C. Handy)는 직무스트레스를 일으킬 수 있는 조직차원의 상황으로 타인(부하)의 일에 대한 책임, 창의적인 활동을 해야 하는 기능, 연결고리 역할(조정 활동)을 다해야 하는 어려움, 상하 간의 관계를 유지해야 하는 어려움, 경력의 불확실성 등을 제시했다.

② 집단차원의 스트레스

'직무 차원의 스트레스 원인'이라고도 하는 것으로서 어떤 직무는 본질적으로 다른 직무들보다 더 많은 스트레스를 일으킨다는 조사연구가 많이 있다. 한 통계에 따르면 직무스트레스에 관한 연구를 거쳐 스트레스를 가장 많이 받는 12개의 직무를 순위에 따라 노동자, 비서, 검사, 임상실험 기술자, 사무실 관리자, 감독자, 경영자, 웨이터, 기계운정공, 농장 소유자, 탄광공, 화가 등을 제시하고 있다.

최근 일본의 한 잡지는 직장여성의 스트레스를 정신(대인관계), 육체(노동의 강도), 환경(사무실 조건) 등의 세 가지로 구분하여 여성에게 스트레스를 일으키는 직무를 간호사, 스튜어디스, 프로그래머, 백화점 판매원, 은행원 등의 순으로 제시하고 있다.

③ 개인차원의 스트레스

- 역할 갈등(Role conflict)
- 역할 모호성(Role ambiguity)
- 질적 또는 양적인 업무의 과중(Job overload)
- 질적 또는 양적인 업무의 과소(Job underload)

〈표 12-1〉 한국인의 스트레스 평가

삶의 변화	점수	삶의 변화	점수
자식 사망	74	사업의 일대 재정비	43
배우자 사망	73	직업전화	43
부모 사망	66	정년퇴직	41
이혼	63	해외취업	39
형제자매 사망	60	유산	38
혼외정사	59	임신	37
별거 후 재결합	54	입학시험, 취직실패	37

부부의 이혼, 재혼	53	자식의 분가	36
별거	51	새 가족 등장	36
해고, 파면	50	가족 중 1명이 질병을 얻음	35
정든 친구의 사망	50	성취	35
결혼	50	주택, 사업, 부동산 매입	35
징역	49	정치적 신념의 변화	35
결혼 약속	44	시댁, 처가, 친척과의 알력	34
중병, 중상	44	학업의 시작, 중단	34

4) 스트레스가 미치는 영향

(1) 개인에 미치는 영향

① 행동적 측면

생산성, 결근, 이직, 업적, 직무만족, 사고, 음주, 약물중독, 감정폭발, 식욕의 과다, 충동적 행동

② 신체적 측면

혈압증대, 높은 콜레스테롤, 심장병, 땀흘림, 입술이 마름, 고혈압, 궤양, 암, 천식, 당뇨병, 불면증, 편두통, 요통, 목과 어깨가 뻣뻣함

③ 심리적 측면

정서적 · 인지적인 것을 포함하는 것으로 불안, 무관심, 권태, 침울, 낮은 자존심, 소외감, 화냄, 직무불만, 공격성, 피로, 죄의식, 고독, 신경과민, 흥분, 불면증, 성기능감퇴, 긴장

(2) 조직에 미치는 영향

결근과 이직을 통해 직무불만 뿐만 아니라 기업의 1차적 목적인 업적과 생산성도 감소되며 사고율이 높아지고 노사관계의 악화도 초래된다.

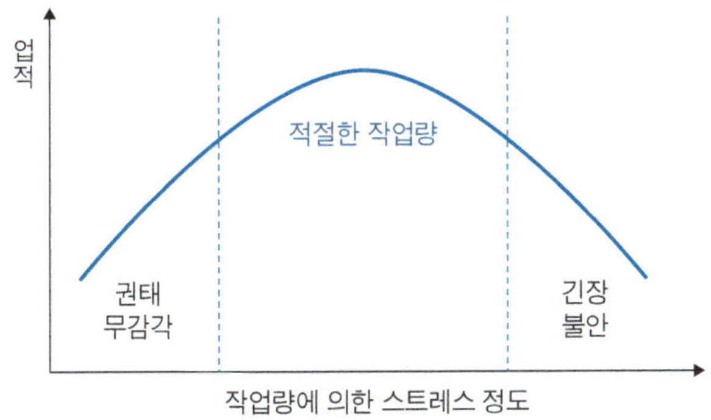

[그림 12-3] 업무량과 스트레스 및 업적관계

(3) 스트레스 전 증상

- 질병, 회의시간, 약속, 사건과 같은 중요한 정보를 기억하기 어려움
- 중요한 의사결정을 하는 데 있어서 지체와 망설임
- 타인을 지나치게 비판하고 실수를 용납하지 않으려는 경향
- 타인의 실패나 잘못에 대한 지나친 관심
- 긴장감, 신경성과 불만의 감정
- 식욕부진, 소화불량, 두통 등의 질병
- 직장 또는 식당 등과 같은 공공장소에서 타인의 업적을 고운 시선으로 보지 못함
- 연필을 갖고 논다거나 클립을 구부린다거나 손을 만지작거리는 등의 동작을 계속함
- 무관심하거나 도전적인 일을 하려 하지 않음

5) 스트레스 극복

(1) 개인차원

① 신체적 측면

음식, 휴식, 운동, 균형 갖춘 신체, 이완 등

② 인지적 측면

정서의 표출, 정서적 거리 유지와 정서적 지지 받기 등

③ 행동적 측면

합리적 대처, 현실적 기대감, 긍정적인 재해석 등

(2) 조직차원

개인차원의 극복이 개인적인 것에 초점을 둔 것이라면, 조직의 단위, 즉 집단을 다루고 집단 또는 전체적인 조직의 문제에 초점을 두고 극복의 방법을 찾아야 한다.

구성원의 참여(참여적 의사결정), 경영계획의 지원, 의사소통의 고무, 팀빌딩 지원, 배치프로그램, 의사소통, 직무설계, 융통적 시간, 종업원지원 프로그램, 경력개발 프로그램(경력경로계획과 카운슬링), 사회적 지원 시스템, 조직구조에의 관여, 조직구조와 기능의 변화, 직무 특성의 변화, 종업원 적응 프로그램, 목표설정, 지원적인 조직 풍토와 창조, 과업설계의 충실화, 갈등의 감소와 조직 역할의 명확화, 제도적인 프로그램(작업설계, 작업계획, 문화, 감독), 자주적인 작업집단의 설정, 종업원에게 건강 설비 제공 등이 있다.

생각해 봅시다!

현재 스트레스를 받는 상황을 생각하고 스트레스를 어떤 방법으로 관리하고 있는지 이야기 나누고 정리해 보시오.

나를 경계하는 열한 가지 방법

자신을 사랑했기에 스스로를 엄히 다스린 대표적인 인물을 살펴보자. 율곡은 '공부의 신'이었다. 스스로를 다잡으며 그 다짐을 글로 남겼는데 스스로를 경계하는다는 '자경문(自警文)이다. 자경문은 열한 개의 조항으로 이루어져 있으며 자신을 아끼고 지키기 위해, 어떻게 자신을 다스려야 할지에 대한 실천적인 방법이라 할 수 있다.

첫 번째는 '입지(立志)'다.
모든 일은 뜻을 세우는 데서 시작한다. 뜻을 세운다는 것은 목표를 설정한다는 것이고, 이는 곧 내가 무엇을 해야 할지를 안다는 것이다.

두 번째는 '과언(寡言)'이다.
과언은 말수가 적다는 뜻이다. 말을 줄이는 것이 마음을 안정시키는 방법이라고 했다.

세 번째는 '정심(定心)'이다.
정심 또한 마음의 안정과 집중에 관련된다. 잡념은 끊이지 않고 나를 괴롭히는 감정이지만, 잡념을 버려야 한다는 강박보다는 인정하라는 것이다. 무언가를 오래도록 해나가면 반드시 고요하게 안정된 때가 온다고 말한다., 결국 끈기가 집중을 만든다는 것이다.

네 번째 '근독(謹篤)'이다.
혼자 있을 때 경계하라는 의미다. 누군가를 위해 사는 게 아니다. 보여주기 위해 사는 것도 아니다.

다섯 번째는 '독서(讀書)'다.
독서란 그저 책을 읽어야 한다는 뜻이 아니다. 단지 책을 읽는 행위가 중요한 게 아니라 책에서 구한 지식을 삶에 적용할 수 있는가가 중요하다.

여섯 번째는 '소제욕심(掃除慾心)'이다.
이로움을 탐하지 말라는 것이다, 이로움에는 재물과 영화를 이롭게 여기는 마음이 있고, 일을 쉽게 하려는 두 가지가 있다. 특히 번거롭게 귀찮은 마음에 과정을 건너뛰려고 하면 안 되며 소홀히 넘어가려는 유혹을 이겨내야 한다.

일곱 번째는 '진성(盡誠)'이다.
정성과 진심으로 해야 한다는 뜻이다.

여덟 번째는 '정의지심(正義之心)'이다.
"한 가지의 불의를 행하고 한 사람의 무고한 사람을 죽여서 천하를 얻더라고 그런 일을 하지 않는다"고 항상 가슴에 담고 있어야 한다고 했다.

아홉 번째는 '감화(感化)'다.
누군가 나에게 해를 끼치더라도 먼저 스스로를 반성해야 한다고 뜻이다.

열 번째는 '수면(睡眠)'이다.
밤이 되어 잘 때나 아플 때가 아니라면 항상 때어 있도록 노력해야 함을 강조한다.

열한 번째는 '용공지효(用功之效)'다.
공부는 죽을 때까지 배우는 학생으로 인생을 살며, 죽음에 이를 때까지 끝나지 않는 것이다.

- 나를 지키는 힘(임병희 지음) 에서

참고문헌

LG경제연구원(2011). 2020 새로운 미래가 온다. 한스미디어.

강길호, 김현주(2003). 커뮤니케이션과 인간. 한나래.

강성범, 정수용(2017). 비즈니스 문서 작성의 기술. 영진닷컴.

강정애 외(2014). 팔로워십론. 시그마프레스.

공병호(2001). 자기경영 노트. 21세기북스.

과학세대(역)(1994). 맨워칭. 까치.

김광억(역)(1993). 오리진. 학원신서.

김남현(2001). 슈퍼리더십. 경문사.

김남현, 김정원, 류태모, 박봉규, 송경수(1999). 조직행동론. 진영사.

김미숙 외(2010). 초등국어 개념사전. ㈜북이십일 아울북.

김석희(역)(2001). 털없는 원숭이. 정신세계사.

김은정, 송기인(2014). 감성과 신뢰의 스피치기법. 커뮤니케이션 북스.

김정일(1998). 성격대로 살아가기. 푸른 숲.

김진철 외(2006). 보보의 인간관계론. 청람.

김현기, 김연희, 문권모(2010). 리더십 사용설명서. 원앤원북스. 226.

김형섭(역)(1997). 한권으로 읽는융. 푸름 숲.

김호정(2011). 갈등유형과 갈등관리방식의 관계 : 교육행정직 공무원을 대상으로. 한국조직학보회, 8(2), 111-140.

나은영(2010). 한국인의 가치관 변화추이 : 1979년, 1998년 및 2010년의 조사 결과 비교. 한국 심리학회.

나인표, 이홍, 전상길(2004). 리더-하위자 관계 발전단계와 관계행동 및 태도에 관한 연구. 리더십연구(1), 189-220.

네이버 지식백과.

넥스트데일리(2016). 협상의 기술.

데루야 하나코. 오키다 케이코, 김영철 옮김(2002). 로지컬 씽킹. 일빛.

데이비드 허친스, 김철인 옮김(2002). 레밍 딜레마. 바다출판사.

동아일보(2016.02.24), 성공의 열쇠인 대인관계……깊이보다 넓이가 중요.

동아일보(2017.6.13). 회사 위해? 나를 위해 맘껏 일해보세요.

동아일보(2017.9.4). 작가의 일과.

동양일보(2016.06.08), 풍향계 - 갈등관리시대의 리더십〈신기원〉.

로버트 치알디니, 이현우 옮김(2005). 설득의 심리학. 21세기북스.

매경이코노미(2016.05.18). 레스터시티 우승에서 배우는 역습의 경영전략.

머니투데이(2013. 02.06). 팀워크 구축의 네 가지 비결.

모텐 한센(이장원, 김대환, 안정호 옮김), 협업, 교보문고, 192-214.

문화체육관광부(2013). 한국인의 의식 가치관 보고서. 한국 리서치.

민도식(2008). 자기경영콘서트. 북포스.

민형종, 송계충(2010), 정부계약협상가의 협상전략과 협상성과의 관계 : 협상가의 감성지능의 조절효과. 경영경제연구, 22(1), 3-38.

박오수(역)(1992). 사회인지론. 법문사.

박원우(2004). 임파워먼트 실천 매뉴얼. 시그마인사이트컴. 211.

백기복, 신제구(역)(1998). 퓨전리더십. 한언.

백종현(2004). 철학의 주요개념. 서울대학교 철학사상 연구소.

비서 NCS 학습모듈(2014). 교육부

비키 브록(2015). 코칭의 역사. 코쿱북스.

사이토 다카시(2003). 질문의 힘. 루비박스.

세계일보(2016. 3.3). 당신의 창의력을 높이는 5가지 방법.

세버린, 탠카드 공저, 박찬일 외 역(2004). 커뮤니케이션 이론. 나남.

스티븐 코비(김경섭, 김원석 옮김)(1996). 성공하는 사람들의 7가지 습관. 김영사. 256-275.

신인철(2007). 팔로워십, 리더를 만드는 힘. 한스미디어.

심윤섭(2013). 리더십의 또 다른 얼굴, 팔로워십. 예문당.

예지은 외(2009). “BRAVO Generation”신세대 직장인을 말하다. 삼성경제연구소. CEO Information, 제 727호.

예지은 외(2011). 신세대의 특성과 조직관리 방안. 삼성경제연구소. Issue Paper.

오미영, 정인숙(2005). 커뮤니케이션 핵심 이론. 커뮤니케이션북스.

유종연(2012). 보고서 작성과 보고 불변의 법칙. 미래와 경영.

윤대혁(1999). 인간관계론. 무역경영사.

윤대혁(2010). 인간관계와 커뮤니케이션. 탑북스.

윤정헌(2001). 호텔기업 종업원의 팀웍이 조직몰입에 미치는 영향에 관한 연구. 산업경제연구, 14(4), 239-255.

이경우, 김경희(2007). 커뮤니케이션과 대인관계. 역락.

이나오리 가즈오(2010). 왜 일하는가. 서돌, 27, 63-68.

이상민(2011). 고객만족경영 실전바이블. 랜덤하우스.

이영돈(2013). 텔레비전 프로그램 기법. 커뮤니케이션북스.

이재희 외(2016). 대인관계능력. 양성원.

이재희 외(2017). 리더스 커뮤니케이션. 양성원.

이재희(2016). 비즈니스커뮤니케이션. 한올.

이재희, 박효성, 이보람(2017). 프레젠테이션 전략. 양성원.

이재희, 최인희(2016). 비즈니스 커뮤니케이션(2판). 한올.

이정환 외(2010). 한 장 보고서의 달인이 되라. ㈜아트크리에이트.

이종건, 박헌준(2004). 협상전략이 협상성과에 미치는 영향, 조직과 인사관리연구, 28(2), 95-129.

이지성(2005). 18시간 몰입의 법칙. 맑은소리.

임성은(2015). 자신과 타인의 이해. 한올.

임성은(2017). CS관리실무. 양성원.

임창희(2006). 조직행동. 3판. 학현사.

잡코리아(2016). 직장인 10명 중 9명 '직장 세대차이' 느낀다.

장은주, 송현정(2016). 의사소통의 이해와 실제. 도서출판 청람.

장하용, 김연주(2013). 조직원의 성격유형에 따른 갈등관리방식의 차이가 조직커뮤니케이션 만족에 미치는 영향에 관한 연구. 한국언론정보학보, 62(여름), 95-118.

정민주, 장대성(2012). 항공사 객실승무원의 개인적 감성능력과 사회적 감성능력이 팀웍역량에 미치는 영향에 관한 연구. 한국항공학회논문지, 16(2), 318-329.

정주영(2009). 시련은 있어도 실패는 없다. 제삼기획.

조선일보 위클리 비즈(2016.02.27), 정해진 틀 없이문제 해결해 가는……여러 전문가의 효과적인 협업 '빅티밍'이 중요해진 시대.

조선일보(2017.9.9). 헨리 밀러의 창작비결.

조현국(2011). 워크스마트 실천전략연구. 삼성경제연구소.

존 그레이, 바바라 애니스(2015). 나선숙 옮김. 직장에서 만난 화성남자 금성여자. 더난출판.

존 휘트모어(2007). 성과향상을 위한 코칭리더십. 김영사.

최병권, 정재식(2015). 당신은 최고의 멘토입니까. 새로운 제안.

켄 로이드(이민주 옮김)(2009). 매력있는 팀장은 피드백이 다르다. 토네이도.

태컬리 커배너 외(박정준 옮김)(2013). 비즈니스 글쓰기의 모든 것. 도서출판 다른.

패럴 공(송경근 옮김)(2004). 우리가 열광하는 관리자 : 퍼실리 테이터. 한언. 165-166.

한국문학평론가협회(2006). 문학비평용어사전. 국학 자료원.

한국산업인력공단. NCS 대인관계능력 학습모듈.

한국산업인력공단. 직업기초능력 대인관계능력 학습자용 워크북. 국가직무능력표준 홈페이지(http://www.ncs.go.kr)

한국청소년연맹 편(2001). 인간관계훈련의 이론과 실제. 양서원.

한덕웅(2003). 한국인의 인생관으로 본 가치관의 변화 : 30년간 비교. 한국심리학회.

한봉주(2014). 어떻게 자신을 변호시킬 것인가. 미래지식.

한상엽(2005). 리더의 성공, 팔로워십에 달려있다. LG주간경제 818호.

허성도(1995). 도시를 걷는 낙타 2. 사람과 책. 62.

홍용기 외(2001). 비즈니스 커뮤니케이션. 한올출판사.

홍용기(2007). 인적자원관리. 2판. 형설출판사.

홍용기(2008). 인간관계론. 한올.

황현숙(역)(1996). 머리기른 원숭이. 까치.

"집에 벌레가 하나 사는데". 세스코 우문현답. 경향신문(2014.12.27).

Bernard, Sheila C.(2007). *Documentary Storytelling*. 커뮤니케이션북스.

Baron, R. A.(1991). Positive Effect of Conflict : A Cognitive Perspective. *Employee Responsibilities and Rights Journal, 4*(1), 25-36.

Brown, L. D.(1983). *Managing Conflict at Organizational Interfaces, Reading*. Mass: Addison Wesley Publishing Co.

CBS 노컷뉴스(2016.06.15). 삼성카드, 24시간 365일 Talk 상담 서비스.

Day, D. V., Fleenor, J. W., Atwater, L. E.,Sturm, R. E., & McKee, R. A.(2014). Advances in leader and leadership development : A review of 25 years of research and theory. *Leadership Quarterly, 25*, 63-82.

Drafte, M. W., & Kossen, S.(1998). *The Human side of Organizations*(7th ed.). Addison Wesley, N.Y.

Gray(1992/1993). 인간커뮤니케이션과 미디어. 95-96.

Greene, R.(1998). *Power of the 48 laws*. A Joost Elffers Book.

Hall, R. H.(1996). *Organizations*(6th ed.). Prentice Hall, New Jersey.

Jonathon A. Flaum, 유영만 역(2011). 변화는 종이물고기도 헤엄치게 한다. 한국경제신문. 10-11.

Kelly, R. E.(1992). *The Power of followership: How to create leaders people want follow and followers who lead themselves*. New York: Doubleday Currency.

Kotter, J. P.(1990), *A Force for Change : How Leadership Differs From Management*. New York: Free Press, 3-8.

Lax, D. A., James K., & Sebenius, J. K.(1986). *The manager and Negotiator : Bargaining for Cooperation and Competitive gain*. NY: Free Press, (Also published in Czech, French, Italian, and Spanish editions.).

Lewin, K.(1948). *Resolving social conflicts; selected papers on group dynamics*. Gertrude W. Lewin(Ed.). New York: Harper & Row.

Luthans, F.(1992). *Organizational Behavior*(6th ed.). MaGRAW-Hill, New York.

Manning, P. K.(1992). *Organizational Communication*. Aldine De gruyter, N.Y.

Mcshane, S. L., & Von Glinow, M. A.(2005). *Organizations*(3th ed.). MaGRAW-Hill, New York.

Morgan, G.(1989). *Creative Organization Theory*. SAGE Pub. London.

Myers, D. G.(1995). *Psychology*(4th ed.). Worth.

Peter G. Northouse, 김남현 역(2013). 리더십 이론과 실제(6판). 경문사.

Paul Smith, 김용성 역(2013). 스토리로 리드하라. IGM books. 58-60.

Peter F. Drucker, 김수연 역(2009). 피터 드러커의 경영 블로그. 미다스북.

Robert K. Greenleaf, 강주헌 옮김(2006). 서번트리더십 원전. 참솔.

Rahim, M. A.(1992). *Managing conflict in Organizations*(2nd ed.). Connecticut: Praeger Publishers.

Robbins, S. P.(2003). *Organizational Behavior*(10th ed.). Prentice Hall, New Jersey.

Schein, E. H.(1987). *Organizational Culture and Leadership*. Jossey-Bass Pub., San Francisco.

Scott, W. R.(1987). *Organizations*(2nd ed.). Prentice Hall International, Inc.

The Future of Jobs : Employmen. Skills and Workplace Strategy for the Forth Industrial Revolution. World Economic Forum, core work-related skills, Jan. 2106, 21.

Thompson, L.(2001). *The mind heart of the negotiation*(2nd ed.). New Jersey: Prentice Hall. U

Walumbwa, F. O., Avolio, B. J., Gardner, W. L., Wernsing, T. S., & Peterson, S. J.(2008). Authentic leadership : Development and validation of a theory-based measure. *Journal of Management, 34*(1), 89-126.

Weingart, L. R., Thompson, L. L., Bazerman, M. H., & Carroll, J. S.(1990), Tactical Behavior and Negotiation Outcomes. *International Journal of Conflict Management, 1*, 7-31.

Winford E. Holland, 김은정 역(2004). 지금 당장 변해야 산다. 경성라인.

찾아보기

저 | 자 | 소 | 개

▪ **임성은**

서강대학교 언론대학원 석사와 숭실대학교 일반대학원 박사학위를 취득하고, 현재 극동대학교 중국항공운항서비스학과 교수로 재직 중이다. 주요 연구분야는 커뮤니케이션, 교육서비스품질, 리더십, 조직충성도, 자질탐구 등 다수가 있으며 저서로는 CS 관리실무와 자기와 타인의 이해 등이 있다.

인간관계와 휴먼커뮤니케이션

1판 1쇄 인쇄 – 2018년 9월 5일
1판 1쇄 발행 – 2018년 9월 10일

저 자 - 임성은
발 행 인 - 강철원
발 행 처 - 양성원
주 소 - 경기도 파주시 검산로 173번길 29-20
전 화 - 031-946-3861(代)
팩 스 - 031-946-3864
이 메 일 - tnwpub@naver.com
홈페이지 - tnwpub.co.kr
출판등록 - 2015년 8월 31일 제 2015-000211 호

ISBN 979-11-6126-147-8

정가 16,000원